男子ごはんの本 その16

DANSHI GOHAN

INDEX
目 次

Spring

男子ごはんの春。

Summer

男子ごはんの夏。

● 当書籍には、『男子ごはん』（テレビ東京系）で紹介された内容
　＜#767（2023年２月26日放送）〜#818（2024年２月18日放送）＞を
　掲載しています。
● 書籍化にあたり、レシピの一部を改訂しています。

● 以下の放送は総集編のため、レシピの掲載はありません。
#774（2023年４月16日放送）『男子ごはんの本 その15 出版記念』
#793（2023年８月27日放送）『夏に食べたい！ ひんやり料理特集』
#813（2024年１月14日放送）『男子ごはんアワード2023』

ATTENTION この本を、もっと活用していただくために。

☑ **メニューの脇に「ジャンル別」「素材別」の アイコンをつけています。**

メインからサイドメニューまで、この本に載っている全ての レシピタイトルを「素材・ジャンル別INDEX」(p.130)に まとめています。今日の献立に迷った時は、INDEXから逆 引きしてみてください。

ジャンル別

和 = 和食		**中** = 中華料理	
洋 = 洋食		**韓** = 韓国料理	
伊 = イタリアン		**亜** = アジア料理	
印 = インド料理			

素材別

飯 = ごはん・お米		**麺** = 麺・パスタ	
粉 = 粉物料理		**肉** = 肉料理	
魚 = 魚介料理		**菜** = 野菜料理	
豆 = 豆腐料理		**汁** = 汁物・スープ	
肴 = おつまみ		**鍋** = 鍋料理	

洋 飯 ミートボールのトマト煮込みライス

材料(2〜3人分)

トマト:大3個(900g)
にんにく:1片
豚ひき肉:300g
玉ねぎ:80g

a | 薄力粉:大さじ½
　| 塩:小さじ½
　| 黒こしょう:適宜

ローズマリー:2本
塩:小さじ1½
オリーブ油、
パルミジャーノ:各適宜
温かいごはん:適宜

作り方

① トマトはヘタを取って8〜10等分に切る。にんにく はみじん切りにする。

② 玉ねぎは粗みじん切りにしてボウルに入れ、豚ひき 肉、aを入れてよく混ぜる。8等分に分けて団子状 に丸める。

③ 鍋に①、オリーブ油大さじ2を入れて混ぜながら強 火で加熱する。トマトがあらかた煮崩れたら②、ロー ズマリーを加えて蓋をし、たまに底から混ぜながら 中火で8分程煮る。蓋を取ってさらに混ぜながら5分 程煮る。塩を加えて味をととのえる。

④ 器にごはんを盛って③をかけ、パルミジャーノを削 りかけて、オリーブ油を回しかける。

POINT
- トマトは水煮缶を使うと濃厚に、生のトマトを使うとあっさりとした味に仕上がる。
- 煮詰めていくと、だんだんトマトソースの粘度が上がってくるため、たまに鍋底からこそぐように混ぜながら煮るのが美味しく仕上げるポイント。
- 水分が蒸発した分、どのくらい旨味が出たかを確かめてから塩を加えて調整する。

中 菜 トマトの卵炒め

材料(2人分)

トマト:大1個(300g)
卵:3個

ごま油:大さじ3
塩:適宜

作り方

① トマトはヘタを取って縦8〜10等分に切る。卵は溶 いて塩小さじ⅓を振って混ぜる。

② フライパンを熱してごま油をひき、トマトを加えて 強火で炒める。トマトが少し崩れてきたら塩小さじ ⅓を加えてザっと炒め、卵を流し入れる。そのまま 触れずに加熱し、外側が少しかたまってきたら、へ らでフライパンの底をこそぐように卵液を内側に寄 せ、折りたたむように重ねる。何回か繰り返す。

③ 半熟状になったら器に取り出す。

POINT
- トマトや卵の旨味を引き出せるかは、塩の分量で決まるので、慎重に調整する。
- トマトは表面がソース化しつつも固形部分が残っており、卵は油で揚げたような状態を見極める。

☑ **材料に記した分量は、 大さじ1=15㎖(cc)、 小さじ1=5㎖(cc)です。**

SHIMPEI'S POINT　TAICHI'S POINT

とは?

料理を簡単&美味しく作るために、欠かせないポイント。料 理ビギナーから中・上級者まで思わず納得の裏技満載なの で、ぜひ参考にしてみてください。

☑ **お酒アイコンとは?** 「おつまみ」メニューの脇に、一緒に飲むと相性抜群の お酒のアイコンを掲載しています。

🍷 白ワインに よく合う!	🥃 ハイボールに よく合う!	🍶 冷酒に よく合う!
🍶 日本酒に よく合う!	🍶 熱燗に よく合う!	🍺 ビールに よく合う!

男子ごはんの春。
Spring

からしれんこん
豚のからし角煮
にんにくの芽と鶏肉のからし炊き込みごはん

男のロマン
シリーズ！
第30弾
「からし」

TAICHI'S COMMENT

からしれんこんは白みその
まろやかさが美味しい！
角煮はからしの風味と豚肉の脂が相性抜群！
炊き込みごはんは
からしの香りが広がります。

photo by TAICHI

からしれんこん 🍺 ビールによく合う!

材料(作りやすい分量)

れんこん：1～2節
（300ｇ）

a ┌ 卵：1個*1
　├ 薄力粉：大さじ４
　└ 水：少々

揚げ油、薄力粉：各適宜

【からしみそ】

白みそ：80ｇ
和辛子（練り）：大さじ１
パン粉（細かめ）：10ｇ*2
薄力粉：大さじ½

SHUMPEI'S POINT

*1 バッター液は薄力粉が多すぎるとパリッとした衣になり表面が割れる可能性があるので、やわらかい衣に仕上げるのがポイント。

*2 パン粉を入れることで、からしみそがれんこんから剥がれにくくなり、粉っぽくなるのを防ぐことができる。

作り方

① れんこんは皮をむき、水に３分さらす。鍋に湯を沸かし、れんこんを入れて中火にして10分程茹でる。竹串がスッと通ったら水に取ってしっかり冷ます。

② ボウルにからしみその材料を混ぜる。

③ れんこんの水気をしっかり拭いて、れんこんを回しながら穴に②を詰める。表面に薄力粉をまぶす。

④ バットにaをよく混ぜ合わせておく。れんこんに竹串を刺して回転させながらaを全体にからめる（スプーンでaをれんこんにかけてもよい）。

⑤ ④を180℃に熱した揚げ油に入れ、たまに返しながら６分程中火で揚げる。衣がきつね色にカリッとしてきたら油をきって取り出す。

⑥ 少し冷ましてから食べやすく切って器に盛る。

和 肉 **豚のからし角煮**

材料(作りやすい分量)

豚バラかたまり肉：600ｇ
水：600cc
酒：大さじ２

a ┌ 和辛子（練り）：大さじ２
　├ しょうゆ：大さじ４
　├ みりん、砂糖：各大さじ１
　└ 花椒（粒）：小さじ１

作り方

① 豚バラかたまり肉は５cm角に切る。

② 鍋に豚肉、水、酒を入れ、強火にかける。沸いてきたら少しずらして蓋をし、中弱火にして30分程茹でる。

③ aを加え、蓋をせずにたまに混ぜながら15分程煮る。

和 飯 **にんにくの芽と鶏肉の
からし炊き込みごはん**

材料(4人分)

白米：２合
鶏もも肉：200ｇ
にんにくの芽：1束（80ｇ）

a ┌ 和辛子（練り）：大さじ２
　├ 酒、みりん、しょうゆ：
　│ 各大さじ１
　├ 塩、鶏がらスープの素
　└ （半練り）：各小さじ１

水：適宜

作り方

① 白米は洗って水気をきって炊飯器に入れる。aと水を合わせて340ccにし、炊飯器に加えて混ぜ合わせる。

② 鶏もも肉は1.5cm角に切る。にんにくの芽は根元の先を切り落としてから1.5cm幅に切る。フライパンを熱して鶏肉を入れ、強火で焼く。少し焼き目がついたら、にんにくの芽を加えて炒め合わせる。

③ にんにくの芽に油が回ったら①に加えて普通に炊く。

春の和定食

サワラの唐揚げ／アスパラガスの出汁びたし
たけのことふきのとうの炒め煮／うるいのサッと煮汁

TAICHI'S COMMENT

サワラの唐揚げは
身がふわふわで食べやすいです。
出汁びたしや炒め煮は
食材の香りが広がります。
うるいのサッと煮汁は
うるいの食感が際立って美味しい！

photo by TAICHI

🐟 サワラの唐揚げ

材料（2人分）

サワラ：3切れ（320g）	a しょうがの搾り汁：1片分
片栗粉、揚げ油：各適宜	酒：大さじ2
大根おろし、ポン酢：各適宜	しょうゆ：大さじ1½
	砂糖：小さじ½

作り方

① サワラは骨を取り除き、4〜5等分に切る。ボウルにaを混ぜ、サワラを加えてもみ込む。落としラップをして30分程漬ける。

② ①の汁気をきって片栗粉をまぶす。

③ 揚げ油を170℃に熱し、②を入れて中火で揚げる。衣がかたまってきたらたまに返しながら揚げ、全体がカリッとしたら取り出す。

④ 器に盛る。大根おろしにポン酢をかけて添える。

和菜 アスパラガスの出汁びたし

材料（2人分）

アスパラガス: 大4本（170g） 塩:少々 かつお節（ソフトパック）: 適宜	a	かつおだし:200cc しょうゆ:大さじ2 酒、みりん:各大さじ1 塩:小さじ½

作り方

① アスパラガスは根元を1cm程切り落として下の部分の皮をむき、7〜8cm長さに切る。

② 小鍋にaを合わせて中強火で一煮する。

③ 鍋に湯を沸かして塩を加える。アスパラガスを茎の部分から入れて15秒茹で、穂先の部分を加えてさらに50秒茹でる。茹で上がったらザルに上げて水気をきる。

④ アスパラガスが熱いうちに②にひたす。粗熱が取れたら密閉袋に入れ、冷蔵庫に入れて3時間以上漬ける。

⑤ 器に盛ってかつお節を振る。

POINT

アスパラガスは茎から先に鍋に入れて穂先部分の茹で時間を細かく調整することで、絶妙な食感に仕上がる。

和菜 たけのことふきのとうの炒め煮

材料（作りやすい分量）

たけのこ（水煮）: ½個（120g） ふきのとう: 1パック（100g） 塩:少々	a	しょうゆ:50cc 酒:大さじ2 みりん:大さじ2 砂糖:大さじ1 白みそ:大さじ1

作り方

① たけのこは3cm長さの薄切りにする。

② ふきのとうは粗みじん切りにする。鍋に湯を沸かして塩を入れ、ふきのとうを加えてサッと茹でる。ザルに上げて流水にさらして粗熱を取り、水気を絞る。[*1]

③ フライパンにaを入れ、混ぜ合わせながら中強火で煮立てる。①、②を加えて混ぜ合わせながら、汁気がほぼ無くなるまで中強火で煮る。

④ フライパンから取り出し、粗熱が取れたら冷まして、密閉容器に入れて冷蔵庫で保存する。[*2]

★ふきのとうとは？
「ふき」の花の蕾で春を代表する山菜。ほろ苦い味が特徴で、天ぷら等、火を通して食べるのが一般的。

POINT

[*1] ふきのとうはアクが強く変色しやすいので、手早く調理することを心がける。

[*2] 密閉容器に入れることで、1週間程度の保存が可能。

和汁 うるいのサッと煮汁

材料（2人分）

うるい:½パック（50g） しめじ:½パック（100g）	a	かつおだし:400cc しょうゆ:大さじ2 酒、みりん:各大さじ1 塩:小さじ½

★うるいとは？
ユリ科の花「オオバギボウシ」の新芽のこと。アクが少なく、ほろ苦さと独特のぬめりが特徴的な春の食材。

作り方

① うるいは1.5cm幅に切る。しめじは石づきを落として小房に分ける。

② 鍋にaを合わせて中強火にかけ、沸いてきたらしめじを加えて一煮する。

③ 器に盛ってうるいを加える。

Spring 769
2023.03.12 OA

生ハムとアボカドクリームパスタ
アボカドといくらと海苔の冷菜
揚げアボカドのスープ

アボカドとは？

「森のバター」と呼ばれる、栄養価の高い果物。日本で主に流通しているのはメキシコ産の「ハス種」。

TAICHI'S COMMENT

クリームパスタは生ハムが良いアクセント。
アボカド、トマトとの相性も抜群！
冷菜はアボカドの切り方を変えただけで
今までに無い食感に。
スープはだしとアボカドの
組み合わせが新鮮です。

photo by TAICHI

伊 麺 生ハムと アボカドクリームパスタ

材料（2人分）

アボカド：1個
スパゲッティーニ：180 g
生ハム：100 g
トマト：小1個（100 g）

a
生クリーム：200cc
コンソメ（顆粒）：
小さじ1
塩：小さじ½

塩：小さじ⅔
オリーブ油、黒こしょう：
各適宜

作り方

① アボカドは縦半分に切り込みを入れて半分に割り、種と皮を取り除く。再び、縦半分に切ってから横1.5cm厚さに切る。トマトはヘタを取り除き2cm角に切る。

② 鍋に湯を沸かしてオリーブ油少々を加え、スパゲッティーニを袋の表示時間より1分短く茹でる。

③ フライパンにaを合わせて中火にかけ、フツフツしてきたら①を加える。アボカドを潰しながら熱し、軽くとろみがついたら火を止める。

④ ③を再び中火にかけ、茹で上がった②、塩小さじ⅔、黒こしょうを加えてザッと和える。器に盛って生ハムをのせ、黒こしょうを振り、オリーブ油を回しかける。

POINT
クリームソースとパスタを合わせてから、塩、黒こしょうを加えることで、塩気が全体にいきわたり、味がちょうどよくまとまる。

和 汁 揚げアボカドのスープ

材料（2〜3人分）

アボカド：1個
片栗粉、揚げ油：各適宜

a
かつおだし：500cc
しょうゆ：大さじ1½
酒、みりん：各大さじ1
塩：小さじ⅓

かいわれ大根：
¼パック（15 g）

作り方

① アボカドは縦半分に切り込みを入れて半分に割り、種と皮を取り除いて横1.5cm厚さに切る。片栗粉をまぶす。

② 小鍋にaを合わせて強火で一煮立ちさせる。

③ 揚げ油を180℃に熱し、①を入れて中強火で揚げる。表面がカリッとしたら取り出す。

④ ②に③を加えて強火でサッと煮る。器に盛って半分に切ったかいわれ大根を散らす。

POINT
アボカドは片栗粉をまぶすことで揚げる際に溶けにくくなり、だしの味が染み込みやすくなる。

和 菜 アボカドといくらと海苔の冷菜

材料（2人分）

アボカド：1個
いくら（塩漬け）：
大さじ2〜3
刻み海苔：適宜

a
しょうゆ：大さじ1½
ごま油、すし酢：
各大さじ1

作り方

① アボカドは縦半分に切り込みを入れて半分に割り、種と皮を取り除いて横薄切りにする。aは混ぜ合わせておく。

② 器にアボカドを盛っていくらをのせ、aをかける。刻み海苔を散らす。

POINT
アボカドは薄く切ることで、しょうゆだれがよくからみ美味しく仕上がる。

Spring 770
2023.03.19 OA

江戸東京野菜を使った春のおつまみ3品

東京うどとねぎのかき揚げ
亀戸大根のステーキ／のらぼう菜の素揚げ ホタテあんかけ

TAICHI'S COMMENT

かき揚げは東京うどの
香りが広がります。
亀戸大根のステーキは
シャキシャキ食感が美味しい!
素揚げはのらぼう菜の食感が
ホタテとよく合って
最高のおつまみです!

江戸東京野菜とは？

江戸時代〜昭和中期頃、東京都内の農地で数世代以上にわたって栽培されていた在来種、または在来の栽培法等によって育てられた野菜。

●photo by TAICHI

和肴 **亀戸大根のステーキ** ⬤ ハイボールによく合う!

材料（2人分）

亀戸大根：小2本（葉付き）
にんにく（みじん切り）：
1片分
ごま油：大さじ2

麺つゆ（3倍濃縮）：
大さじ2
すし酢：大さじ1

作り方

① 亀戸大根はピーラーで皮をむく。

② フライパンを熱してごま油をひき、①を並べて蓋をして中強火で焼く。たまに返しながらじっくりと焼く。大根に火が通ったらにんにくを加えて炒め、香りが出てきたら麺つゆ、すし酢を加えてからめる。

★亀戸大根とは？
東京都江東区の亀戸香取神社周辺で栽培され、ブランド化された大根。根が30cm程と短いため、繊維質で辛味が強いのが特徴。

和肴 東京うどとねぎのかき揚げ ◖日本酒によく合う！

材料（2～3人分）

東京うど：約1本（230g）
長ねぎ：80g
天ぷら粉：大さじ5
水：大さじ4

a ┃ かつおだし：250cc
　┃ 薄口しょうゆ：
　┃ 大さじ1½
　┃ 酒：大さじ½
　┃ 塩：小さじ½
黒こしょう：適宜
揚げ油：適宜

★東京うどとは？
全体が白い「軟白うど」という種類で、北多摩地域を中心に栽培されている。遮光性に優れた地下3m程の穴の中「室」に根株を植えて1カ月程栽培され、苦味が少なく、シャキシャキ食感で生でも美味しく食べられる。

作り方

① 小鍋にaを合わせて中強火で一煮立ちさせる。

② 東京うどは根元を切り落とし7cm長さに切ってから、厚めに皮をむいて7mm幅の縦細切りにする。長ねぎは7cm長さに切り、7mm幅の縦細切りにする。

③ ボウルに②を入れ、天ぷら粉、水の順に加えて和える。

④ 揚げ油を180℃に熱し、③をスプーンまたは木べらですくって入れる。中強火で揚げ、衣がかたまってきたらたまに返しながら揚げる。表面に揚げ色がついてカリッとしてきたら油をきって取り出す。

⑤ 器に④を盛って黒こしょうを振り、①につけながら食べる。

和肴 のらぼう菜の素揚げ ホタテあんかけ ◖ハイボールによく合う！

材料（2人分）

のらぼう菜：2株（200g）
ホタテ缶：小1缶（65g）

a ┃ 水：100cc
　┃ 鶏がらスープの素
　┃ （半練り）：大さじ½
　┃ 酒：大さじ1
　┃ 塩：1つまみ
b ┃ 片栗粉、水：各大さじ½
揚げ油：適宜

★のらぼう菜とは？
茎・葉ともに美味しい菜花で、西多摩地域で多く栽培されている。寒さに強くて育てやすく家庭菜園にもオススメ。煮込み料理や炒めものまで、万能に使うことができる。

POINT
SHIMPEI'S

油はねを防ぐため、揚げる前にしっかりとのらぼう菜の水分を拭き取っておく。

作り方

① 小鍋にホタテ缶を缶汁ごと入れ、aを加えて中強火にかける。沸いてきたらよく混ぜたbを加え、混ぜながらとろみをつけて火を止める。

② のらぼう菜は根元を切り落として半分に切る。水気をよく拭く。揚げ油を180℃に熱し、のらぼう菜の茎部分を入れて中強火で素揚げする。少ししんなりしたら取り出す。続いてのらぼう菜の葉部分を入れ、軽く蓋をして油はねをよけながら同様に揚げる。油をきって取り出す。

③ 器に②を盛って①をかける。

にんにくと玉ねぎの香味じょうゆ

香味じょうゆチャーハン／香味じょうゆパスタ
チキンソテー香味じょうゆ仕立て

作り置きおかず
シリーズ
第5弾

万能薬味だれ

TAICHI'S COMMENT

チャーハンは香りが良く、
パスタはバターがまろやかな
仕上がりにしてくれています。
薬味だれはアレンジの仕方で
食材それぞれの良さが引き出され、
まったく違う味を楽しめる
万能調味料です！

photo by TAICHI

和 菜 **にんにくと玉ねぎの香味じょうゆ**

材料（作りやすい分量）

玉ねぎ：大1個（270ｇ）　　しょうゆ：225cc
にんにく：3片（30ｇ）　　みりん：75cc

SHIMPEI'S POINT

玉ねぎは水気をしっかりきることで、
より長期保存ができるようになる。

作り方

① 玉ねぎはみじん切りにして水に30分程さらす。ザルに上げて水気をきり、さらにキッチンペーパー等でしっかり拭き取る。にんにくはみじん切りにする。

② 保存容器に①、しょうゆ、みりんを入れて混ぜ、冷蔵庫で1日以上置く。保存する時は冷蔵庫に入れる。1カ月程保存可能。

中 飯 香味じょうゆチャーハン

材料（2人分）

温かいごはん：400g
ハム：40g
卵：1個

サラダ油：大さじ2
にんにくと玉ねぎの香味
じょうゆ：大さじ2
塩：小さじ⅓

作り方

① ハムは5mm角に切る。卵は溶く。

② フライパンを熱してサラダ油をひき、溶き卵を流し入れ、すぐにごはんを加えて、卵液がごはんの間に入るように木べらで押しつけながら強火で加熱する。木べらでほぐしながら炒め、全体がほぐれて油が回ったらハム、塩を加えて炒める。

③ 全体がパラッとしてきたら、にんにくと玉ねぎの香味じょうゆを鍋肌に入れ、炒め合わせる。

香味じょうゆは最後に加えることで炒めすぎやベタッとならず、焦げずにパラッとした仕上がりになる。

和 麺 香味じょうゆパスタ

材料（2人分）

スパゲッティーニ：200g
スナップエンドウ：60g
ベーコン：60g

にんにくと玉ねぎの香味
じょうゆ：大さじ4
サラダ油：適宜
バター：10g
塩：1つまみ

作り方

① スパゲッティーニはサラダ油少々を加えた熱湯で袋の表示時間より1分短く茹でる。

② ベーコンは1cm幅に切る。スナップエンドウはヘタと筋を取って長さを半分に切る。

③ フライパンを熱してサラダ油小さじ1をひき、スナップエンドウ、ベーコンの順に入れて強火で炒める。油が回ったら、ザルに上げて茹で汁をきった①、にんにくと玉ねぎの香味じょうゆを加えて炒め合わせる。バター、塩を加えてからめる。

和 肉 チキンソテー 香味じょうゆ仕立て

材料（1人分）

鶏もも肉：1枚（330g）
塩：小さじ⅓
サラダ油：小さじ1

ヤングコーン：4本
にんにくと玉ねぎの香味
じょうゆ：大さじ4

作り方

① 鶏もも肉は身の方に2cm幅の切り込みを入れ、塩を振ってもみ込む。

② フライパンを熱してサラダ油をひき、鶏肉を皮目を下にして入れ、空いたところにヤングコーンを加える。蓋をして中強火で3分程焼く。焼き目がついたら返し、ヤングコーンを鶏肉の上にのせてさらに3分程焼く。

③ 蓋を取り、再び鶏肉の皮目を下にして、にんにくと玉ねぎの香味じょうゆを加えてザッとからめる。ヤングコーンは香味じょうゆがからんだら先に取り出す。鶏肉は香味じょうゆが煮つまってとろみがついたら取り出す。

鶏肉はフライパンに押しつけるようにして香味じょうゆを蒸発させながらからめると美味しく仕上がる。

15周年リクエスト料理

鶏むね肉とブロッコリーのリゾット風
じゃこの焼きおにぎり／牛肉とマグロのサルティンボッカ風

TAICHI'S COMMENT

リゾット風はしょうがの香りがきいていて
爽やかなのに満足感があり美味しい！
焼きおにぎりは外はカリカリ、
中はふわふわとしていて食感を楽しめます。
サルティンボッカ風は
牛肉とマグロが最高の相性です！

photo by TAICHI

和飯 **じゃこの焼きおにぎり**

材料（2個分）

温かいごはん：200g
ちりめんじゃこ：7g
かつお節（ソフトパック）：1g
しょうゆ：適宜

リクエスト POINT

*1 型を使う場合には、型に合わせておにぎり1個のごはんの量を決めて作ることで安定した仕上がりに。

*2 すぐ食べる時は温かいごはん、あとで食べる時は少し温度の下がったごはん等、いつ食べるのかによってにぎる時のごはんの温度を変えるのがオススメ。

*3 ごはんは丸く優しくにぎることで空気が入り、ふんわりとした食感に仕上がる。

*4 先に焼き目をつけてからしょうゆを塗ることで、形が崩れずに味が染み込む。

作り方

① ボウルにごはんを入れ、ちりめんじゃこ、かつお節を加えてさっくりと混ぜる。ごはんを半分に分け、少し水で濡らした手で転がすように丸くにぎる。*1 *2 *3

② フッ素樹脂加工のフライパンを熱して①を入れて中弱火でじっくり焼く。焼き目がついたら返して、焼き目にしょうゆ少々を塗る。*4

③ もう片面にも焼き目がついたら返して、焼き目にしょうゆ少々を塗る。さらに返して、しょうゆを乾かすように焼きつける。何回か繰り返す。

④ 両面にしっかり焼き目がついたら、強火にして側面を転がしながら焼き目をつける。

洋 飯 鶏むね肉とブロッコリーのリゾット風

材料（2～3人分）

鶏むね肉
（皮を取り除いたもの）：
230g
ブロッコリー：1個
（正味400g）
きくらげ（乾燥）：6g
水：500cc
酒：大さじ1
鶏がらスープの素（半練り）：
小さじ1

a｜片栗粉、水：各大さじ1
塩：小さじ⅔
温かいごはん：適宜
（約50～70g／人）
しょうが（すりおろし）、
パルミジャーノ、
ラー油、酢：各適宜

リクエスト
POINT

*1 1週間に2回ごはんの代わりに食べて、無理なくカロリーオフできる、低糖質で高たんぱくなダイエットにおすすめのメニュー。

*2 上から粉チーズをかけると味変し、ジャンキー感を楽しむことができる。

*3 小分けにして冷凍保存することで好きな時に食べることができる。塩味を加えればパスタソースとしても使うことが可能。

作り方

① ブロッコリーは茎と花蕾に分け、茎は表面を削ぎ落とし5mm角に切り、花蕾は小房に切り分けて刻む。鍋に入れて水、酒を加え、強火にかける。沸いてきたら中弱火にして蓋をし、8分程加熱する。

② 鶏むね肉は、1cm幅の拍子木切りにし、塩小さじ⅓を振ってもみ込む。水（分量外）で戻したきくらげは小さめのひと口大に刻む。

③ ①のブロッコリーを鍋に入れたままマッシャーで潰し、鶏肉、きくらげ、鶏がらスープの素を加えて蓋をして煮る。鶏肉が白っぽくなったら、よく混ぜたaを加えてとろみがつくまで煮る。塩小さじ⅓を加えて味をととのえる。

④ 器にごはんを盛って周りに③をのせる。おろししょうがを添える。好みでパルミジャーノを振ったり、酢やラー油をかける。

伊 肉 魚 牛肉とマグロのサルティンボッカ風

材料（2人分）

マグロ（赤身）：1さく（150g）
牛肩ロース肉
（すき焼き用）：2枚（100g）
バジル：3～4枚
にんにく（縦薄切りにする）：
⅓片分
ケール（横半分に切る）：
大1枚

薄力粉：大さじ1
オリーブ油：大さじ1
バター：5g
塩、黒こしょう：各適宜
レモン（輪切り）：適宜

★サルティンボッカとは？
子牛肉にセージをのせ、生ハムを巻きつけたりのせたりして焼くイタリア料理。

リクエスト
POINT

*1 マグロに塩を振って余分な水分を出すことで美味しく仕上がる。

*2 マグロは⅓程度火を入れることで牛肉と一体化して美味しく仕上がる。

作り方

① マグロはさくのまま塩2つまみを振って30分程置く。出てきた水分をキッチンペーパーで拭く。

② マグロに黒こしょうを振ってバジルをのせる。牛肩ロース肉を広げ、マグロをのせ、牛肉で包む。巻き終えたら表面に塩小さじ¼、黒こしょうを振る。全体に薄力粉をまぶす。

③ フライパンを熱してオリーブ油をひき、②の表面がきれいな面を下にして中弱火で焼く。空いているところに、にんにく、ケールを加えて焼く。にんにく、ケールは焼き目がついたら取り出す。

④ 焼き目がついたら返して2分程加熱する。

⑤ ④の表面にバターを塗って上にのせ、器に盛り、にんにく、ケールを添える。好みでレモンを添える。

15周年リクエスト料理

ひじきとツナの混ぜごはん／野菜鶏つくね
ハムと切り干し大根の中華炒め／鶏もも肉のしょうが煮込み
ハムと切り干し大根の中華炒めのアレンジレシピ **チャーハン／マカロニサラダ**

TAICHI'S COMMENT

混ぜごはんは、ほのかな甘さが
ごはんに広がり、鶏つくねと
合わせて食べるとさらに美味しいです。
中華炒めは、新鮮な味わいでチャーハンや
マカロニサラダのアレンジもオススメ。
しょうが煮込みはジューシーで
やわらかく絶品!!

photo by TAICHI

和 飯

ひじきとツナの混ぜごはん

材料(4合分)

温かいごはん：4合分
ツナ缶(オイル)：
小3缶(210g)
ひじき(乾燥)：20g
にんじん：100g

a｜酒：100cc
　｜しょうゆ、みりん：
　｜各50cc
　｜砂糖：大さじ2

リクエスト POINT

アレンジ具材としてひじきを加えることで、栄養満点、かつ、低コストでより美味しく仕上がる。

作り方

① ひじきは水で戻し、水気をしっかり絞る。にんじんは皮をむいて5mm角の棒状に切ってから2cm長さに切る。

② フライパンにツナ缶の油を入れて熱し、にんじんを加えて中強火で炒める。油が回ったらひじきを加えて炒める。ひじきに油が回ったらツナを加えてザッと炒める。

③ aを加えて中火で10分程、たまに混ぜながら汁気がなくなるまで煮る。

④ ボウルにごはんを入れ、③を加えてサックリと混ぜる。

中 菜 ハムと切り干し大根の中華炒め

材料(作りやすい分量)

ハム:50g
切り干し大根:30g
にんにく:1片

a
ポン酢:大さじ1½
ごま油:小さじ1
砂糖:小さじ½

サラダ油:小さじ2
塩:小さじ⅓
黒こしょう:適宜

作り方

① ハムは半分に切ってからさらに5mm幅に切る。切り干し大根は5分程水につけてやわらかく戻し、水気をしっかり絞る。にんにくは縦薄切りにしてから細切りにする。aは混ぜ合わせておく。

② フライパンを熱してサラダ油をひき、にんにくを入れて中火で炒める。香りが出てきたら切り干し大根を加えてほぐしながら中強火で炒める。

③ 切り干し大根の水分が飛んだら、ハムを加えて塩、黒こしょうを振って炒める。aを加えて炒め合わせる。

ハムと切り干し大根の中華炒めのアレンジレシピ

中 飯 チャーハン

材料(1人分)
ごはん:160g、バター:5g、ハムと切り干し大根の中華炒め:30g
塩:1つまみ

作り方
① フライパンを熱して、ごはん、バターを入れて炒め合わせる。油が回ったらハムと切り干し大根の中華炒め、塩を加えて炒め合わせる。

洋 菜 マカロニサラダ

材料(作りやすい分量)
マカロニ:50g、ハムと切り干し大根の中華炒め:35g、マヨネーズ:1½

作り方
① マカロニは袋の表示時間通りに茹で、ザルに上げて流水で洗い、水気をきる。
② ボウルに①、ハムと切り干し大根の中華炒め、マヨネーズを入れて和える。

和 肉 野菜鶏つくね

材料(8個分)

鶏ももひき肉:200g
ピーマン:1個(30g)
玉ねぎ:30g
薄力粉:大さじ½
塩:小さじ⅓

a
水:300cc
しょうゆ:大さじ2 [*1]
みりん、酒:各大さじ1
砂糖:大さじ½

作り方

① ピーマン、玉ねぎはみじん切りにする。ボウルに入れ、鶏ももひき肉、薄力粉、塩を加えてよく混ぜる。8等分にして団子状に丸める。

② 鍋にaを合わせて煮立て、①を入れる。中弱火で15分程煮る。

リクエスト POINT
[*1] ツナごはんと同じしょうゆベースの野菜鶏つくねは相性抜群、かつ、献立として統一感が出る。

[*2] 大人数に向けて作る場合は、よりやわらかい仕上がりになる卵をつなぎとして入れるのがオススメ。

和 肉 鶏もも肉のしょうが煮込み

材料(2～3人分)

鶏もも肉:2枚(500g)
塩:小さじ⅓

a
しょうが(すりおろし):大1片分(15g)
麺つゆ(3倍濃縮):大さじ3
水:大さじ2
酢:大さじ1
みりん:大さじ½

作り方

① 鶏もも肉は1枚を6等分に切って塩を振る。[*1] aを混ぜ合わせる。

② フライパンを熱して鶏肉を皮目を下にして並べる。[*2] 蓋をして中火で3分程焼く。焼き目がついたら返し、蓋をして1分程焼く。

③ 蓋を取ってaを加え、全体が少しとろっとするまで炒め煮にする。

リクエスト POINT
[*1] 鶏もも肉は皮目を下にして、押しつけるようにすると切りやすい。

[*2] 鶏もも肉の皮目はしっかり広げて焼くことで美味しく仕上がる。

ミートボールのトマト煮込みライス
トマトの卵炒め
ローストナッツと香菜のトマトサラダ

TAICHI'S COMMENT

トマト煮込みライスは、
フレッシュなトマトがミートボールと相性抜群！
卵炒めはぜひできたてを。
絶妙なトマトの炒め具合で味に
深みが出ています。
トマトサラダはトマトのほのかな甘さが
引き出されて美味しいですね。

photo by TAICHI

亜菜 ローストナッツと香菜のトマトサラダ

材料（2人分）

トマト：大1個（300g）
香菜：5g
バターピーナッツ：
大さじ2

にんにく：½片
オリーブ油：大さじ1
a｜ナンプラー、すし酢：
　　各大さじ1

作り方

① バターピーナッツは密閉袋に入れて、上から麺棒やスプーン等でたたいて砕く。にんにくはみじん切りにする。小さめのフライパンにバターピーナッツ、オリーブ油を入れて火にかけ、中火で炒める。少し色づいてきたらにんにくを加えて炒める。香りが出てきたらボウルに取り出して冷ます。

② トマトはヘタを取って食べやすい大きさに切る。

③ ①のボウルにaを加えて混ぜ、②、ざく切りにした香菜を加えて和える。

洋飯 ミートボールのトマト煮込みライス

材料（2～3人分）

トマト*1：大3個（900ｇ）
にんにく：1片
豚ひき肉：300ｇ
玉ねぎ：80ｇ

a ┌ 薄力粉：大さじ½
　│ 塩：小さじ⅓
　└ 黒こしょう：適宜
ローズマリー：2本
塩：小さじ1½
オリーブ油、
パルミジャーノ：各適宜
温かいごはん：適宜

作り方

① トマトはヘタを取って8～10等分に切る。にんにくはみじん切りにする。

② 玉ねぎは粗みじん切りにしてボウルに入れ、豚ひき肉、aを入れてよく混ぜる。8等分に分けて団子状に丸める。

③ 鍋に①、オリーブ油大さじ2を入れて混ぜながら強火で加熱する。トマトがあらかた煮崩れたら②、ローズマリーを加えて蓋をし、*2たまに底から混ぜながら中火で8分程煮る。蓋を取ってさらに混ぜながら5分程煮る。塩を加えて味をととのえる。*3

④ 器にごはんを盛って③をかけ、パルミジャーノを削りかけて、オリーブ油を回しかける。

POINT

*1 トマトは水煮缶を使うと濃厚に、生のトマトを使うとあっさりとした味に仕上がる。

*2 煮詰めていくと、だんだんトマトソースの粘度が上がってくるため、たまに鍋底からこそぐように混ぜながら煮るのが美味しく仕上げるポイント。

*3 水分が蒸発した分、どのくらい旨味が出たかを確かめてから塩を加えて調整する。

中菜 トマトの卵炒め

材料（2人分）

トマト：大1個（300ｇ）
卵：3個

ごま油：大さじ3
塩：適宜*1

作り方

① トマトはヘタを取って縦8～10等分に切る。卵は溶いて塩小さじ⅛を振って混ぜる。

② フライパンを熱してごま油をひき、トマトを加えて強火で炒める。トマトが少し崩れてきたら塩小さじ⅛を加えてザッと炒め、卵を流し入れる。そのまま触らずに加熱し、外側が少しかたまってきたら、へらでフライパンの底をこそぐように卵液を内側に寄せ、折りたたむように重ねる。何回か繰り返す。

③ 半熟状になったら器に取り出す。*2

POINT

*1 トマトや卵の旨味を引き出せるかは、塩の分量で決まるので、慎重に調整する。

*2 トマトは表面がソース化しつつも固形部分が残っており、卵は油で揚げたような状態を見極める。

Spring **776** 2023.04.30 OA

カキの旨汁ハッシュドポテト
しょうゆホルモン炒め
シメのホルモン焼きそば

TAICHI'S COMMENT

ハッシュドポテトはカキの旨味が
感じられながら、さっぱりと品がある味です。
ホルモン炒めは脂の旨味が
野菜にもしっかりと染み込んでいます。
シメの焼きそばは味が
凝縮されていて美味しい！

photo by TAICHI

洋 魚 カキの旨汁ハッシュドポテト

材料（3〜4人分）

カキ（加熱用）：200ｇ	a にんにく（すりおろし）：小さじ¼
じゃがいも：2個（約200ｇ）	塩：1つまみ
薄力粉：大さじ1	オリーブ油：大さじ1
タイム：3〜4本	

オリーブ油：大さじ1½
塩：小さじ⅕
黒こしょう：適宜
レモン（くし形切り）、青ねぎ
（小口切り）：各適宜

作り方

① じゃがいもは皮をむき、千切りにしてボウルに入れ、薄力粉を加えて混ぜる。

② カキは別のボウルに入れ、流水をためながらしっかりと洗ってキッチンペーパーなどで水気を拭く。ボウルに入れ、葉をちぎったタイムを加え、aも加えて混ぜる。

③ ホットプレートを高温に熱し、オリーブ油大さじ1をひいて①を薄く広げる。オリーブ油大さじ½を上から回しかけ、蓋をして高温で加熱する。たまにフライ返しで押さえながら焼く。

④ じゃがいもの裏に焼き目がついたらへらで半分に切って裏返す。じゃがいもに塩を振る。その上に②をのせて蓋をして3〜4分加熱する。カキに火が通ったら黒こしょう、青ねぎを散らす。器に盛り、好みでレモンを搾る。

SHIMPEI'S POINT

*1 ハッシュドポテトにカキの旨汁を吸わせることで一体感のある美味しさを楽しめる。

*2 カキは身が膨らんだ時が一番美味しく食べられる。

和 肉 しょうゆホルモン炒め シメまで美味しい！

材料（4人分）

ホルモン（牛小腸）：400ｇ	a 麺つゆ（3倍濃縮）：大さじ2
キャベツ：200ｇ	しょうゆ：大さじ1
ニラ：½束	
にんにく（横薄切り）：2片分	ごま油：大さじ1
赤唐辛子（小口切り）：小さじ1	塩：小さじ⅓

作り方

① ホルモンはボウルに入れて流水をためながら洗って水気をきり、キッチンペーパー等で水気を拭き取る。

② キャベツは3〜4cm角に切り、ニラは4cm長さに切る。aを混ぜる。

③ ホットプレートは高温に熱してごま油をひき、ホルモンを入れて炒める。キッチンペーパー等で水分を拭き取りながら炒める。

④ 上にキャベツ、にんにく、赤唐辛子、ニラを加えて蓋をして加熱する。キャベツが少ししんなりしたらaの⅔量を加えて炒め合わせる。塩を振って味をととのえる。

和 麺 シメのホルモン焼きそば

材料（作りやすい分量）
しょうゆホルモン炒めの残りの具材：適宜
しょうゆホルモン炒めのaの残りのたれ：⅓量
焼きそば用麺：2玉、酢：大さじ½、刻み海苔：適宜

作り方

① 焼きそば用麺は袋のまま600Wの電子レンジで2分半加熱する。

② しょうゆホルモン炒めの残りをホットプレートで熱し、焼きそば用麺を加えてほぐしながら炒める。焼きそば用麺がほぐれたらaの残りのたれ、酢を加えて炒め合わせる。

③ 刻み海苔を散らす。

SHIMPEI'S POINT

*1 キャベツとホルモンは水分が出やすいので、たれを少し濃いめの味つけにする。

*2 ホルモンは下茹ですると脂が溶け出すため、茹でずに冷水で洗ってからよく水気を拭き取ることでくさみを取る。

Spring 777
2023.05.07 OA

チキンチキンごぼう
瓦そば

第20弾
山口県編

47都道府県ご当地ごはん

TAICHI'S COMMENT

チキンチキンごぼうは甘辛だれと
ごぼうの香りが相性抜群。
瓦そばは香ばしい麺が美味しい！
もみじおろしやレモンで味変も楽しめます。

photo by TAICHI

和 肉 チキンチキンごぼう

材料（3〜4人分）

鶏もも肉：大2枚（600g）	しょうゆ：100cc
塩：小さじ⅔	みりん、酒：各大さじ3
黒こしょう：適宜	砂糖：大さじ1½
洗いごぼう：100g	片栗粉：大さじ4
枝豆（茹でてさやから取り	揚げ油：適宜
出したもの）：適宜	

作り方

① 小鍋にみりん、酒を入れて中強火にかけ、⅔量程になるまで煮詰める。砂糖、しょうゆを加えて混ぜて細かめの泡がブワッと上がってきたら火を止める。

② 鶏もも肉は1枚を8等分に切って、塩、黒こしょうを振る。洗いごぼうは5mm厚さの斜め切りにして水に5分さらす。水気をきり、キッチンペーパーでしっかり拭き取る。

③ ②をボウルに入れて片栗粉を加えて全体にまぶす。*1

④ 揚げ油を180℃に熱し、③の鶏肉を、皮をのばしながら入れて中強火で揚げる。*2 衣がかたまってきたらたまに返しながらカリッと少しきつね色になるまで揚げて取り出す。*3

⑤ 続いてごぼうを入れて中強火で揚げる。たまに返しながらカリッと色づくまで揚げる。

⑥ ボウルに④、⑤を入れ、味をみながら①を加えてザッと和える。器に盛って枝豆を散らす。

POINT

*1 ごぼうは素揚げせず鶏肉と一緒に片栗粉をまぶすことで、たれがよくからみ美味しく仕上がる。

*2 皮を伸ばしてから手でにぎって、片栗粉をしっかりとつけることで、鶏肉がパリパリに仕上がる。

*3 揚げ上がりの目安は、少しきつね色になり、皮目がパリパリになった状態。

★チキンチキンごぼうとは？
　一口サイズの鶏の唐揚げと素揚げしたごぼうを甘辛だれでからめた、山口県の郷土料理。約30年前に給食のレシピを家庭から募集して誕生した。今ではスーパーや居酒屋メニューにまで広まっている。

和 麺 瓦そば

材料（3〜4人分）

茶そば（乾麺）：200g	【つゆ】
牛肩ロース肉（すき焼き用）：200g	みりん、しょうゆ：各大さじ5
	かつおだし：200cc
塩：小さじ¼	【錦糸卵】
a　しょうゆ、砂糖：各大さじ2　みりん、酒：各大さじ1	卵：2個 砂糖：大さじ½ サラダ油：適宜
サラダ油：大さじ½	【もみじおろし】
刻み海苔、青ねぎ（小口切り）：各適宜	大根：100g もみじおろしの素：小さじ1
レモン（輪切り）：4枚	

作り方

① つゆを作る。小鍋にみりんを入れて中強火で煮詰め、⅔量程になったらしょうゆ、かつおだしを加えて一煮する。

② 錦糸卵を作る。ボウルに卵を溶いて砂糖を加えて混ぜる。フッ素樹脂加工のフライパンにサラダ油をひき、卵液を流し入れて、フライパンを回しながら薄く広げて中弱火で加熱する。表面が乾くまで蓋をして弱火で加熱する。表面が乾いてきたらまな板に取り出す。粗熱が取れたら細切りにする。

③ もみじおろしを作る。大根は皮をむいてすりおろす。汁気を絞り、もみじおろしの素を加えてよく混ぜる。

④ 牛肩ロース肉は1cm幅に切って塩を振る。aは混ぜ合わせる。フライパンを熱して油をひかずに牛肉を入れ、ほぐしながら強火で炒める。色が変わったらaを加えて炒め合わせる。汁気がなくなったら火を止める。

⑤ 鍋に湯を沸かし、沸騰したら湯に茶そばを入れて、袋の表示時間通りに茹でる。流水で洗ってザルに上げ、水気をしっかりきる。フライパンを熱してサラダ油をひき、そばを入れてほぐしながら炒める。そばに油が回ったら取り出す。

⑥ 温めた瓦（または、温めたホットプレート）に⑤を4等分にしてのせ、それぞれに錦糸卵、牛肉、青ねぎ、刻み海苔の順にのせる。仕上げにレモン、もみじおろしをのせる。①のつゆを添える。

★瓦そばとは？
熱々の瓦の上に茶そばや錦糸卵、牛肉等をのせた山口県の代表的な郷土料理。昔、食材を瓦で焼いて食べていたという逸話からヒントを得て約60年前に誕生した。家庭ではホットプレートやフライパンを使って作られている。

おそば屋さんの和風カレー
いなりカツ／福神漬け

TAICHI'S COMMENT

カレーはかつおだしがきいていて
とっても美味しい！
いなりカツはこれだけで食べても
十分に美味しいし、カレーと合わせることで
ひき肉の旨味が引き立ちます。
福神漬けは野菜の風味と食感を楽しめて、
カレーには欠かせない存在ですね。

photo by TAICHI

和 肉　いなりカツ

材料(1人分)

油揚げ(油抜き不要/
袋状に開くタイプ/
半分に切ったもの)：
4枚分
玉ねぎ：25g
ツナ缶：小1缶(70g)

a｜ 豚ひき肉：200g
　｜ 薄力粉：小さじ1
　｜ 塩：小さじ½
　｜ 黒こしょう：適宜
片栗粉、揚げ油：各適宜

作り方

① 玉ねぎはみじん切りにする。玉ねぎ、缶汁をきった
　ツナをボウルに入れ、aを加えてよく混ぜ合わせる。
　8等分にする。

② 油揚げの切り口を開き、①を入れて爪楊枝で縫うように
　してとめる。8個作る。いなり全体に片栗粉をまぶす。

③ 揚げ油を180℃に熱し、②を入れて中火で揚げる。表面
　がかたまってきたらたまに返しながら、揚げ色がつくま
　で約4〜5分カリッと揚げる。2個ずつカレーに添える。

和飯 おそば屋さんの和風カレー

材料（4人分）

豚こま切れ肉：200g	みりん：50cc
玉ねぎ：150g	a しょうゆ：100cc
長ねぎ：100g	砂糖：大さじ½
油揚げ（油抜き不要／	かつおだし：600cc
袋状に開くタイプ／	カレー粉：大さじ2
半分に切ったもの）：	b 片栗粉、水：
1枚分	各大さじ1½
	温かいごはん：適宜

作り方

① 玉ねぎは縦1cm厚さに切る。長ねぎは縦半分に切ってから3cm長さに切る。油揚げは1.5cm幅に切る。

② 鍋にみりんを入れて強火にかけ、色が変わったらaを加えて煮立たせる。

③ 別の鍋にかつおだしを入れて強火にかける。②を加える。玉ねぎを加えて蓋をして再び沸いてきたら中弱火で10分程煮る。玉ねぎがしんなりしたら豚こま切れ肉を少しずつ加える。長ねぎ、油揚げを加えてほぐしながら煮る。

④ 長ねぎがくたくたになったらカレー粉を加えて混ぜ、よく混ぜたbを加えてとろみがつくまで煮詰める。

⑤ 器にごはんを盛って④をかける。

和菜 福神漬け

材料（作りやすい分量）

ナス：2本	a しょうゆ：150cc
大根：250g	酒、みりん：各50cc
きゅうり：100g	砂糖：大さじ3
れんこん：100g	塩：小さじ2
青じそ：3枚	

作り方

① ナスはピーラーで皮をむき、1cm角に切って水に20分程さらす。水気をしっかりきる。大根は皮をむいて縦1.5cm角の横3mm厚さに切る。きゅうりは縦半分に切ってから3mm厚さの半月切りにする。

② ①をボウルに入れて塩を振ってもんで15分程置く。出てきた水分をしっかり絞る。[*1]

③ れんこんは皮をむいて2～3cm角程の薄切りにして水に15分程さらす。鍋に湯を沸かして水気をきったれんこんを加え、再び沸いてきたら一煮し、ザルに上げて流水で冷ます。水気をしっかりきり、キッチンペーパー等で水分を拭き取る。青じそはみじん切りにする。

④ 小鍋に酒、みりんを強火で煮立て、残りのaを加えて一煮立ちさせる。

⑤ 密閉袋（耐熱温度160℃のもの）に②、③を入れて④を熱いうちに加える。[*2] 一晩以上漬ける。

SHIMPEI'S POINT

[*1] 具材から余計な水分が出ないようにしっかりと絞ることで、美味しい漬物に仕上がる。

[*2] 冷めていく過程で具材に味が染み込むので、漬け汁は熱いうちに加える。

チキンカツオムライス
にんじんとカッテージチーズのサラダ

昭和の洋食屋さんメニュー
第11弾

TAICHI'S COMMENT

オムライスはカツとの相性が抜群！
鶏むね肉を使ったカツは食べやすいです。
サラダはさっぱりとした味の中に
コクのあるチーズの
存在感があって美味しいです！

photo by TAICHI

洋菜 にんじんとカッテージチーズのサラダ

材料（2〜3人分）

にんじん：250g
イタリアンパセリ：3g

a｜
オリーブ油：大さじ1½
カッテージチーズ：80g
塩：小さじ⅓
黒こしょう：適宜
レモン果汁：大さじ1

SHUMPEI'S POINT

にんじんは軽く熱を加えることで、生のにんじん独特のトゲトゲしい風味を取り除くことができる。

作り方

① にんじんは皮をむいて5cm長さの千切りにする。耐熱のボウルに入れてフワッとラップをかけ、600Wの電子レンジで1分半加熱する。

② イタリアンパセリはみじん切りにする。

③ ①にa、②を加えてよく和える。冷蔵庫で冷やす。

洋飯 **チキンカツオムライス**

材料（2人分）

【オムライス】
温かいごはん：400g
ソーセージ：3本
ピーマン：1個（35g）
玉ねぎ：小¼個（40g）
バター：35g
a ┌ コンソメ（顆粒）：
│ 小さじ1
│ 塩：小さじ⅕
└ 黒こしょう：適宜
b ┌ 卵：6個
└ 牛乳：大さじ2

【デミグラスソース】
デミグラスソース缶：1缶
（290g）
赤ワイン：大さじ2
ケチャップ、中濃ソース：
各大さじ½
砂糖：小さじ½
【チキンカツ】
鶏むね肉：1枚（300g）
塩：2つまみ
黒こしょう：適宜
c ┌ 薄力粉：大さじ2
│ 卵：1個
└ 水：少々
パン粉、揚げ油：各適宜

作り方

① デミグラスソースを作る。小鍋にデミグラスソースの材料を合わせて中強火にかけ、フツフツしてきたら弱火にして2〜3分混ぜながら煮る。

② ソーセージは5mm厚さの輪切りにし、ピーマンは種とワタを取り除いて5mm角に切り、玉ねぎは粗みじん切りにする。

③ フライパンを熱してバター15gを溶かし、②を入れて中強火で炒める。野菜にバターが回ったらごはんを加えてへらでほぐしながら炒める。ごはんにバターがなじんだらaを加えて炒め合わせる。

④ チキンカツを作る。鶏むね肉は皮を取り除いて、横に厚み半分に切り、ミートハンマー等でたたく。塩、黒こしょうを振る。バットにcを混ぜ合わせ、鶏肉をからめてパン粉をしっかりまぶす。

⑤ 揚げ油を180℃に熱し、④を1枚入れて中火で揚げる。衣がかたまってきたらたまに返しながらきつね色にカリッと揚げる。もう1枚も同様に揚げる。取り出して油を切り、2cm幅に切る。

⑥ 1人分ずつ作る。皿に③の半量を細長くまとめて盛る。bの半量を溶き混ぜる。フライパンを強火で熱してバター10gを溶かし、卵液を入れて菜箸でぐるぐる大きく混ぜながら加熱する。半熟状にかたまったらバターライスの上にかぶせる。上にチキンカツを1枚分のせ、再度温めた①をかける。

⑦ もう1人分も同様に作る。

SHINPEI'S POINT

鶏むね肉はたたいて繊維を壊すことで厚みがありつつもやわらかいカツに仕上がる。

ビールに合うアジアのエスニックおつまみ3品

ガドガド／カー・コー
トートマンクン

TAICHI'S COMMENT

ガドガドはピーナッツのソースが
東南アジアらしくていいですね！
カー・コーは和食のような食べやすさがあって、
味がしっかりしているのでビールによく合います。
トートマンクンは衣の中に
エビの甘さが詰まっていて美味しい！

photo by TAICHI

里肴 カー・コー ビールによく合う！

材料（2〜3人分）

サバ（3枚におろしたもの）：
1尾分
にんにく：1片
a ┌ 砂糖：大さじ1½
  └ 水：小さじ1

水：150cc
赤唐辛子：1本
ナンプラー：大さじ2

★カー・コーとは？
ベトナムの "ヌクマム" という魚醤を使った魚の煮付け料理。

JUMPEI'S POINT

砂糖と水でカラメルを作りナンプラーと煮る
ことで本場の味を簡単に再現できる。

作り方

① サバは半身を3等分に切る。皮目に十字に切り込み
を入れる。にんにくは縦薄切りにする。

② フライパンにaを入れて中火にかける。時々火から
離しながら砂糖が溶けて薄茶色になるまで加熱し、
水を加えて混ぜる。

③ にんにく、赤唐辛子（半分にちぎり種ごと）、ナンプ
ラーを加えて再び沸いてきたらサバを加える。クッ
キングシートで落とし蓋をし、中火で10分程煮る。

亜 肴 **ガドガド** 🍺 ビールに
よく合う!

材料(2〜3人分)

鶏むね肉:150g[*1]

a | 水:600cc
  | 酒:大さじ1
  | 塩:小さじ¼

じゃがいも:60g

ブロッコリー:30g

にんじん:30g

スナップエンドウ:30g

厚揚げ:70g

サラダほうれん草:¼束(20g)

キャベツ:40g

フルーツトマト:50g

茹で卵:1個

塩:少々

【ソース】

a | にんにく(すりおろし):
  | ⅓片分
  | ピーナッツバター[*2]
  | (低糖):大さじ3
  | ライム果汁、しょうゆ、
  | 砂糖、水:各大さじ1

★ガドガドとは?
甘みのあるピーナッツソースを茹で野菜等にかけて食べるインドネシアのサラダ料理で、5大インドネシア料理にも選出されている。

POINT

*1 鶏肉を入れることでビールに合うおつまみになる。

*2 ピーナッツバターとしょうゆを使うことで、本場のガドガドのソースを再現できる。

作り方

① 鶏むね肉は皮を取る。鍋にaを入れて沸かし、沸いたら鶏肉を入れる。蓋をして火を止め、そのまま30分置く。取り出して粗熱を取ってから筋を取ってさく。

② じゃがいもは皮つきのまま4等分に切る。ブロッコリーは小房に切り分ける。にんじんは5cm長さの拍子木切りにする。スナップエンドウはヘタと筋を取る。厚揚げは1cm厚さに切る。サラダほうれん草は根元を落として5cm長さに切る。キャベツは5mm幅に切る。フルーツトマト、茹で卵は縦4等分に切る。

③ 別の鍋に湯を沸かして塩を加え、じゃがいもを入れて8分程茹でる。途中でスナップエンドウを加えて1分程茹で、ブロッコリーを加えて40秒程茹で、にんじんを加えて30秒程茹でる。氷水に取って冷まして水気をしっかりきる。

④ 器に具材を美しく盛り、混ぜ合わせたaのソースを添える。ソースと具材をよく混ぜて食べる。

亜 肴 **トートマンクン** 🍺 ビールに
よく合う!

材料(3〜4人分)

むきエビ:200g

a | はんぺん:40g
  | 卵白:1個分
  | 片栗粉:大さじ1½
  | 酒:小さじ1
  | 塩:小さじ¼

玉ねぎ(みじん切り):30g

にんじん(みじん切り):30g

パン粉(細かめ)、揚げ油:
各適宜

サラダ菜、香菜、
スイートチリソース、レモン
(くし形切り):各適宜

★トートマンクンとは?
エビを使ったタイの揚げ物料理。

作り方

① むきエビは洗って、あれば背ワタを取り除く。フードプロセッサーに入れ、aを加えてなめらかになるまで回し、ボウルに入れる。玉ねぎ、にんじんを加えてザッと混ぜる。

② ①をスプーン2本を使って3〜4cm程の団子状にまとめ、パン粉の入ったボウルに加えてまぶす。

③ 揚げ油を180℃に熱し、②を入れて中火で揚げる。衣がかたまってきたらたまに返しながらきつね色に揚げる。竹串を刺して何もついてこなければ油をきって取り出す。

④ 器にサラダ菜を盛って③をのせ、香菜、スイートチリソース、レモンを添える。

裏 男子ごはん
DANSHI GOHAN
TALK 傑作選 TIME vol.1

いろんな食べ物を潰して焼いてみよう

調理家電を使って、いろいろな食べ物をせんべい状に！ 一番美味しくなる食べ物は…？

上下のプレートで
圧力をかけながら焼くことができる
「#とりあえずつぶして焼いてみた」を
使用して、様々なものを潰して焼いてみます！

心平「こういうものが商品としてあるんですね！」

▶ まずは代表的なエビせんべいに挑戦！

加熱した機械に殻つきのエビをのせる。

蓋を閉じて6分程押さえながら焼く。

出来上がり！

そのお味は…？

心平「旨味が凝縮されてますね！ 尾の部分がすごくカリカリ！」

太一「これウマ！ 塩をかけてないのに塩気がすごい」

▶ 他の食べ物でも試してみることに…

SNS等でも話題になっている6品。

太一作 バウムクーヘン
「これはもうクッキーです！」
（太一）

心平作 カレーパン
「焼きすぎたパンみたい…カレーの風味はないですね」（心平）

がんもどき
「塩味がしっかりあって、一番美味しいかも！ やみつき！」（太一）

トライアンドエラーを繰り返し、新たな食感との出会いを楽しみました！

男子ごはんの夏。
Summer

簡単にできるアレンジ冷やし中華3品

スープ冷やし中華／麻婆冷やし中華
ツナトマトソースの冷やし中華

TAICHI'S COMMENT

スープ冷やし中華は見た目も涼しげで、
冷麺のような感覚でさらっと食べられますね。
麻婆冷やし中華はしっかり味の麻婆あんが
平打ち麺とよくからんで美味しいです。
ツナトマトソースの冷やし中華は
もちもち食感の中華麺と
トマトソースの相性が最高！

photo by TAICHI

中麺 スープ冷やし中華

材料（2人分）

中華麺（細麺）：1玉
きゅうり：½本（50g）
フルーツトマト：2個
みょうが：1個
青ねぎ：2本

a｜かつおだし：400cc
　｜酒：大さじ2
　｜白炒りごま：大さじ1
　｜しょうゆ：大さじ1½
　｜みりん：大さじ½
　｜塩：小さじ⅔

★ 簡単ポイント
ベースとなるスープはどんな具材とも相性が良いので、具材を替えてレパートリー豊富に楽しめる。

作り方

① 小鍋にaを混ぜ合わせて一煮立ちさせる。ボウル等に移してしっかり冷やす。

② きゅうりはすりおろす。フルーツトマトはヘタを取って16等分に切る。みょうがは両端を切り落とし半月の薄切りにする。青ねぎは小口切りにする。

③ 中華麺は刻んでから袋の表示時間通りに茹で、ザルに上げて流水で洗い、水気をしっかりきる。

④ ①に②を加える。

⑤ 器に③を盛り、④をかける。

中 麺 麻婆冷やし中華

材料（2人分）

中華麺（平打ち麺）：2玉
鶏むねひき肉：150g *1
青唐辛子：1本
にんにく、しょうが：各½片
サラダ油：大さじ½
青ねぎ（小口切り）：4本分

a ┌ 水：150cc *2
　│ しょうゆ：大さじ2
　│ 酒、みりん、
　│ オイスターソース：
　│ 各大さじ1
　│ 片栗粉：小さじ2
　│ 赤みそ：小さじ1
　└ 砂糖：小さじ½

★簡単ポイント
麻婆あんは鶏むねひき肉を炒めて、合わせ調味料と煮込むだけで完成！

*1 脂分が少ない鶏むねひき肉を使うことで、冷たい麺に合わせても脂が浮いてこない。

*2 冷たい麺に合わせた時に味がぼやけないように、麻婆あんはしっかりした味つけにする。

作り方

① 青唐辛子は種ごとみじん切りにする。にんにく、しょうがはみじん切りにする。aはよく混ぜ合わせる。

② フライパンを熱してサラダ油をひき、にんにく、しょうがを中強火で炒める。香りが立ってきたら鶏むねひき肉、青唐辛子を加えてほぐしながら炒める。

③ 再度よく混ぜたaを加えてとろみがつくまで煮詰める。

④ 中華麺は袋の表示時間通りに茹で、ザルに上げて流水で洗い、水気をしっかりきる。

⑤ 器に④を盛って③をかけ、青ねぎをのせる。

中 麺 ツナトマトソースの冷やし中華

材料（2人分）

中華麺（細麺）：2玉
クレソン：1束
トマトの水煮缶
（ダイスカット）：1缶
（400g）
ツナ缶（オイル）：小1缶（70g）
オリーブ油：大さじ2

a ┌ 水：小さじ1
　└ 塩：小さじ⅔

パルミジャーノ、
黒こしょう：各適宜

★簡単ポイント
トマトの水煮缶を使うことで、長時間煮込まずに旨味のあるトマトソースを作ることができる。

先に塩と水を火にかけて溶かしておくことで、冷たい具材と混ぜた時になじみやすくなる。

作り方

① クレソンは5cm長さに刻む。

② ボウルにトマトの水煮缶、黒こしょう、オリーブ油、ツナ缶を缶汁ごと入れる。小鍋にaを合わせて中強火にかけ、塩が溶けたらボウルに加えて、トマトを軽く潰しながら混ぜる。

③ 中華麺は袋の表示時間通りに茹で、ザルに上げて流水で洗い、水気をしっかりきる。

④ 器に③を盛って②をかけ、クレソンをのせ、パルミジャーノを削って散らす。

Summer

782

2023.06.11 OA

ロコモコ餃子
ガーリックシュリンプチャーハン

TAICHI'S COMMENT

餃子は食感も味もロコモコで驚き！
餃子の皮とソースの相性も抜群で、
新感覚で美味しいです。
チャーハンはガーリックがきいた
パンチのある味で、
まさに"夏の"チャーハン！

photo by TAICHI

洋肉 ロコモコ餃子

材料（2〜3人分）

【餃子】
豚ひき肉：250g
餃子の皮（大判）：1袋
玉ねぎ：¼個（70g）
a 卵：1個
牛乳、マヨネーズ：
各大さじ1
塩：小さじ½
ナツメグ：小さじ⅓
黒こしょう：適宜
サラダ油、水：各適宜

【ソース】
生クリーム：200cc
にんにく（すりおろし）：
¼片分
コンソメ（顆粒）：小さじ1
中濃ソース：小さじ1
塩：1つまみ

作り方

① 玉ねぎはみじん切りにしてボウルに入れ、豚ひき肉、aを加えてよく混ぜ合わせる。

② 餃子の皮の縁に水をつけ、真ん中に①をティースプーンですくってのせ、包むように半分に折る。ひだを寄せながらピッチリ閉じる。

③ ソースを作る。鍋に生クリームを入れ中強火にかける。フツフツしてきたら、にんにく、コンソメ、中濃ソース、塩を加え、1分程煮詰める。

④ フライパンにサラダ油小さじ1をひき、②を6個並べて中火で焼く。パチパチ音がしてきたら水50ccを加え、蓋をして蒸し焼きにする。水分が少なくなってきて焼き目がついたら取り出す。残りも同様に焼く。

⑤ 皿に③のソースを敷いて④を焼き目を上にして盛る。

洋飯 ガーリックシュリンプ チャーハン

材料（2人分）

むきエビ：200g
塩：小さじ⅓
黒こしょう：適宜
玉ねぎ：50g
にんにく：4片（約40g）
イタリアンパセリ：5g

卵：2個
かために炊いたごはん：400g
サラダ油：大さじ4
a 鶏がらスープの素
（顆粒）：小さじ2
塩：小さじ½
黒こしょう：適宜

作り方

① むきエビは洗って水気を拭き、背ワタがあれば竹串で取り、塩、黒こしょうを振る。玉ねぎ、イタリアンパセリはみじん切りにする。にんにくはみじん切りにする。卵は溶く。

② フライパンにサラダ油大さじ3とにんにくを入れて弱火でじっくりと加熱する。*1 きつね色になってきたらにんにくを取り出し、油をこす。

③ ②のフライパンににんにくの油を戻し入れ、サラダ油大さじ1を加える。エビを加えて強火で炒める。表面の色が変わったら取り出す。

④ ③のフライパンに溶き卵、ごはんの順に加えてへらで押さえながら加熱する。ごはんに卵がからんだら、へらでほぐしながら強火でよく炒める。パラッとしてきたら③を戻し入れ、a、②のにんにくを加えて炒め合わせる。

⑤ 調味料がなじんだら玉ねぎ、イタリアンパセリを加えて炒め合わせる。*2

SHIMPEI'S POINT

*1 にんにくは焦がして苦くなってしまわないよう、丁寧に加熱する。

*2 玉ねぎは最後に加えることで、食感と風味が残って美味しく仕上がる。

スタミナ肉巻き丼
たたききゅうりのにんにく和え
冷やしとろろ汁

TAICHI'S
COMMENT

スタミナ肉巻き丼は最高の味つけ！
こってり味のたれとにんにくの芽の
相性が抜群です。
たたききゅうりのにんにく和えは
パンチがあるのにさっぱりと食べられます。
冷やしとろろ汁はだしととろろの
組み合わせが夏にぴったり！

photo by TAICHI

和 飯 スタミナ肉巻き丼

材料（2人分）

豚バラ薄切り肉：250g
にんにくの芽：1束
塩：小さじ⅓
黒こしょう：たっぷり
片栗粉：大さじ1

a｜ しょうゆ：大さじ2
　　みりん、酒、水：
　　各大さじ1
　　砂糖：大さじ½
　└ コチュジャン：小さじ2
サラダ油：大さじ1
温かいごはん：2人分
白炒りごま、
青ねぎ（小口切り）：各適宜

作り方

① にんにくの芽3〜4本を豚バラ薄切り肉2枚で巻く。塩、黒こしょうを振って片栗粉をまぶす。残りも同様に作る。

② aを合わせて混ぜる。

③ フライパンを熱してサラダ油をひき、①を並べて蓋をして中強火で焼く。転がしながら焼き目をつける。火が通ったらキッチンペーパーで余分な脂を拭き取ってから②を加えてからめる。まな板に取り出して4等分に切る。

④ 器にごはん、③の順で盛り、フライパンに残ったたれをかけ、白炒りごま、青ねぎを振る。

和 菜 たたききゅうりのにんにく和え ビールによく合う！

材料（作りやすい分量）

きゅうり：2本
塩：小さじ½
にんにく：10g

a｜ ごま油：大さじ1
　　すし酢：大さじ½
　└ 塩：小さじ⅓
糸唐辛子：適宜

作り方

① きゅうりはヘタを切り落とし麺棒等でたたいて一口大にちぎる。ボウルに入れて塩を振って混ぜ、20分程置く。出てきた水分を絞る。

② にんにくは麺棒等でたたいてから、粗みじん切りにする。

③ ボウルに①、②、aを合わせて和える。器に盛り、糸唐辛子をのせる。

SHINPEI'S POINT

きゅうりはたたくことで断面が多くなり、食感と塩とのなじみが良くなる。

和 汁 冷やしとろろ汁

材料（2人分）

長芋：240g
とろろ昆布：適宜

a｜ かつおだし：400cc
　　酒、みりん、しょうゆ：
　　各大さじ1
　└ 塩：小さじ½

作り方

① 小鍋にaを混ぜ合わせて強火にかけて一煮立ちさせ、ボウル等に移す。粗熱を取ってから冷蔵庫でしっかり冷やす。

② 長芋は皮をむき、すりおろす。

③ 器に①を盛って②、とろろ昆布をのせる。

水ナスのおかかまぶし
ナスのしそ巻き焼き／蒸しナスの肉あんかけ

美味しいナスの選び方
❶ ヘタにとげが多い
❷ 下部にふくらみがあり
　 ツヤがある
❸ ヘタの切り口が
　 みずみずしく青い

TAICHI'S
COMMENT

おかかまぶしは絶妙な酸味と
水ナスならではの食感が良いですね！
しそ巻き焼きは、みその味が優しくて
素朴な美味しさ！
肉あんかけは酢がきいていて
さっぱりと食べられます。

photo by TAICHI

和菜 水ナスのおかかまぶし

材料（2人分）

水ナス：1本

★水ナスとは？
大阪南部の泉州地域の特産品で、皮が薄く甘みがあり生で食べられるのが特徴。

a｜ しょうゆ、すし酢：
　　各大さじ½

かつお節（ソフトパック）：
小1パック（3g）

作り方

① 水ナスはヘタを落とし縦半分に切ってから横半分に切り、さらに一口大の乱切りにする。

② ボウルにa、①、かつお節⅔量を合わせて和える。

③ 器に盛って残りのかつお節を振る。

POINT かつお節が全体にまんべんなくいきわたるように、かつお節の量に合わせて適度なサイズに切る。

和菜 ナスのしそ巻き焼き

材料（2人分）

ナス：2本
青じそ：12枚

a｜ みそ：大さじ1½
　　酒、みりん：各大さじ½
　　砂糖：小さじ1

サラダ油、ごま油：各大さじ1

作り方

① ナスはヘタを落として縦6等分に切る。水分がある場合は水気をしっかり拭き取る。[*1]

② aをよく混ぜ合わせる。

③ 青じそ1枚に②を小さじ1程塗り、ナス1切れの内側に巻きつける。

④ 小さめのフライパンにごま油とサラダ油をひき、③を敷き詰めて並べ、蓋をして中弱火で5分程じっくり蒸し焼きにする。[*2] 途中返しながら全体を焼く。

⑤ ナスがしんなりしたら中強火にして、汁気を飛ばす。

POINT *1 ナスは油で加熱調理するので、水にさらしてアクを抜かなくてもOK。

*2 しそ巻きからみそがもれるので、焦げないように中弱火で焼く。

和菜 蒸しナスの肉あんかけ

材料（2人分）

ナス：3本
豚こま切れ肉：100g
塩：小さじ¼
黒こしょう：適宜
しょうが：1片
ごま油：大さじ½
酢：大さじ1

a｜ 酒：大さじ3
　　水：大さじ2
　　鶏がらスープの素
　　（半練り）：小さじ1
　　片栗粉：小さじ1
　　塩：小さじ¼
　　赤唐辛子（小口切り）：
　　小さじ⅓

作り方

① ナスはヘタを落としてピーラーで縞目に皮をむき、1本ずつラップで包んで、600Wの電子レンジで4分加熱する。粗熱が取れたらラップを取って適当な大きさにさく。

② 豚こま切れ肉は2cm幅に切って塩、黒こしょうを振る。

③ しょうがはみじん切りにする。a、しょうがを混ぜ合わせる。

④ フライパンを熱してごま油をひき、豚肉を入れてほぐしながら強火で炒める。肉の色が変わったら再度よく混ぜた③を加え中火で炒める。とろみがついたら火を止め、酢を加えて混ぜる。

⑤ 器に①を盛って④をかける。

POINT ナスは包丁で切らずに手でさくことで、あんがよくからんで美味しく仕上がる。

魚介の白ワイン蒸し
シメのチーズリゾット／魚介の網焼き

TAICHI'S COMMENT

白ワイン蒸しは魚介の旨味が
濃縮されていて絶品！
シメのリゾットまでしっかり
楽しめて最高ですね。
網焼きは今までバジルサルサや
ハーブバターで食べたことが
なかったから新鮮で美味しいです！
ソースはどんな具材と合わせても
楽しめそう！

photo by TAICHI

伊 魚 魚介の白ワイン蒸し

シメまで美味しい!

材料(4人分)

鯛(下処理をしたもの): ½尾	a	水:500cc
ホンビノス貝		白ワイン:100cc
(砂抜きをしたもの):適宜		タイム:4g
じゃがいも:350g		塩、黒こしょう:各適宜
玉ねぎ:200g		
にんにく:2片		
オリーブ油:大さじ1		

伊 飯 シメのチーズリゾット

材料(4人分)
魚介の白ワイン蒸し:適宜、ごはん:400g、ピザ用チーズ:40g
塩、黒こしょう:各適宜

作り方
① 魚介の白ワイン蒸しが残った鍋にごはんを入れて中強火にかける。

② グツグツしてきたらピザ用チーズを加えて混ぜる。味をみて、足りなければ塩を加える。黒こしょうを振る。

作り方

① じゃがいもは皮つきのまま横4等分に切る。玉ねぎは皮をむいて3cm角に切る。にんにくは半分に切る。鯛はダッチオーブンの大きさに合わせて切る。

② ダッチオーブンを熱してオリーブ油をひき、じゃがいも、玉ねぎを中強火で炒める。油が回ったらa、にんにくを加えて蓋をして強火で煮立たせ、沸いたら4分程煮る。

③ ホンビノス貝を加えてザッと混ぜ、上に鯛をのせて蓋をして強火で4分程煮る。味をみながら塩、黒こしょうでととのえる。

伊 魚 魚介の網焼き

材料(2人分)

ハマグリ:4個	【バジルサルサ】
赤エビ:3尾	バジル:½パック
穴子(生):1尾	玉ねぎ:小½個(100g)
サザエ:4個	ピーマン:1個
【ハーブバター】	トマト:小1個(100g)
バター:30g	ハラペーニョ(酢漬け):3切れ
イタリアンパセリ:½パック	a オリーブ油、酢:各大さじ1
にんにく(すりおろし):小さじ⅓	塩:小さじ½
塩:1つまみ	

作り方

① ハーブバターを作る。イタリアンパセリはみじん切りにし、その他の材料と混ぜる。

② バジルサルサを作る。玉ねぎ、ピーマン、トマト、ハラペーニョはみじん切りにし、バジルはちぎってボウルに入れ、aを加えて混ぜ合わせる。

③ ハマグリは靭帯を切り落とす。赤エビは背中に切り込みを入れ背ワタを取り除く。穴子は食べやすい大きさに切る。魚介を炭火で焼く。ハマグリは少し開いてきたら、内部を見て身がくっついている側を下にする。サザエにはハーブバターをのせて焼く。焼き上がったものからハーブバターやバジルサルサをかけて食べる。

きのこクリームハンバーグ
蒸し豚のサニーレタス巻き
手羽元の甘辛焼き／シメの焼きそば

TAICHI'S COMMENT

ハンバーグは肉々しさの中に
きのこの香りが広がります。
蒸し豚は、野菜で巻くことで軽い仕上がりに。
手羽元の甘辛焼きは、
味がしっかりと染み込んでいて美味しい！
たれも余すところなくシメまで楽しめます。

photo by TAICHI

鉄板マルチグリドルを使った

洋 肉　**きのこクリームハンバーグ**

★マルチグリドルとは？
焼く・茹でる・煮る・揚げる等、様々な調理ができる韓国生まれの調理器具。熱伝導率が高く、軽くて洗いやすい。

材料（4人分）

合いびき肉：600 g*1

a
卵：1個
薄力粉：大さじ1
塩：小さじ½
黒こしょう：適宜

しめじ、舞茸：各1パック

b
生クリーム：200cc
にんにく（すりおろし）：小さじ¼
塩：小さじ½

作り方

① しめじは石づきを落として大きめにほぐす。舞茸も大きめにほぐす。

② ボウルに合いびき肉、aを入れくよく混ぜ合わせる。半分に分けて楕円形にまとめ、鉄板マルチグリドルに並べて中強火にかける。焼き目がついたら返して両面をこんがりと焼く。

③ ハンバーグの周りに①を加える。中央によく混ぜたbを加えて沸騰したら中弱火で6〜8分加熱する。途中ソースをハンバーグにかけながら煮る。*2 ハンバーグに火が通ったらできあがり。

SHIMPEI'S POINT

*1 玉ねぎを使わないことで、ハンバーグの火の通りがよくなり、キャンプにおける調理の手間も減らせる。

*2 ハンバーグを上から押して、かたくなっていれば火が通っている目安になる。

[韓 肉] **蒸し豚のサニーレタス巻き**

材料（2人分）

豚肩ロースかたまり肉：　キャベツ、サニーレタス、
200g　　　　　　　　　香菜、キムチ：各適宜

a｜ にんにく（すりおろし）：
　｜ 小さじ½
　｜ 麺つゆ（3倍濃縮）：
　｜ 大さじ1
　｜ 酒、みりん：各小さじ1

★蒸しぇらとは？
シェラカップにのせて使う中華せいろ。アウトドアでも気軽に蒸し料理を
作ることが可能。

作り方

① 豚肩ロースかたまり肉は1cm厚さに切って混ぜ合わ
　 せたaにからめる。一晩漬ける。

② シェラカップで湯を沸かす。蒸しぇらの皿にちぎっ
　 たキャベツを敷き詰め、その上に①を入れる。

③ シェラカップにプレートをのせ、蒸しぇらの皿をの
　 せて蓋をし、強火で5分程加熱する。

④ サニーレタス、刻んだ香菜、キムチを添え、一緒に
　 巻きながら食べる。

鉄板マルチグリドルを使った

[和 肉] **手羽元の甘辛焼き**

材料（4人分）

手羽元：15本　　　　　a｜ にんにく、しょうが
塩、サラダ油：各小さじ1　｜ （各すりおろし）：
　　　　　　　　　　　　　｜ 各小さじ⅓
　　　　　　　　　　　　　｜ 酒、しょうゆ：各大さじ2
　　　　　　　　　　　　　｜ みりん：大さじ1
　　　　　　　　　　　　　｜ 砂糖：小さじ½
　　　　　　　　　　　　　｜ 一味唐辛子：小さじ¼

作り方

① aを混ぜ合わせる。手羽元に塩を振る。

② 鉄板マルチグリドルを熱してサラダ油をひき、手羽
　 元を放射状に並べる。中強火で返しながらじっくり
　 と加熱する。全体に焼き目がついたら中央に再度よ
　 く混ぜたaを加えて煮からめる。

[和 麺] **シメの焼きそば**

材料（2人分）
焼きそば用麺：2玉、
手羽元の甘辛焼きの余ったたれ：適宜、塩：小さじ⅓
レモン果汁：大さじ1、青ねぎ（小口切り）：適宜
作り方
① 焼きそば用麺は袋のまま湯せんで5～6分温める。

② 手羽元の甘辛焼きのたれが残った鉄板マルチグリドルに①を加え、
　 ほぐしながら炒める。汁気が無くなったら塩、レモン果汁、青ねぎを
　 加えて炒め合わせる。

787

2023.07.16 OA

冷酒に合う夏のおつまみ3品

ししとうのごま肉巻き／オクラのツナ和え

太一本気レシピ **アジときゅうりの梅ごま和え** 太一 レシピ

TAICHI'S COMMENT

ししとうのごま肉巻きは香ばしくて、
ひき肉としとうのバランスが絶妙！
オクラのツナ和えは程良い酸味で
漬物感覚で食べられます。
梅ごま和えははちみつの甘さが上品で、
おつまみにオススメ！

photo by TAICHI

和肴 ししとうのごま肉巻き ⬢ 冷酒によく合う!

材料(作りやすい分量)

ししとう:10本
豚ひき肉:200g
a │ 薄力粉:小さじ1
  │ 塩:小さじ⅓

白炒りごま:大さじ2
サラダ油:大さじ1
レモン(くし形切り):適宜

作り方

① ししとうはヘタを切り落とし、竹串で数カ所穴を開ける。

② ボウルに豚ひき肉、aを入れてよく混ぜる。10等分にし、ししとうを包む。

③ バットに白炒りごまを広げ、②を転がしながらまんべんなくつける。

④ フライパンを熱してサラダ油をひき、③を並べ、蓋をして中火で焼く。たまに転がしながら全体を焼く。器に盛ってレモンを添える。

SHIMPEI'S POINT 焼いた時に崩れないように、豚ひき肉をにぎりながらしっかりとししとうの周りに一周つける。

和肴 オクラのツナ和え ⬢ 冷酒によく合う!

材料(2〜3人分)

オクラ:1袋
ツナ缶(オイル):
小1缶(70g)
a │ しょうゆ、酢:
  │ 各大さじ1
  │ 砂糖:小さじ½

塩:少々
刻み海苔:適宜

作り方

① オクラはヘタの先とガクを切り落とし、塩を加えた熱湯で30秒程茹でる。ザルに上げ水に取って冷まし、水気をきって縦半分に切る。

② ボウルにa、缶汁をきったツナを入れてよく混ぜる。①を加えて和える。

③ 器に盛って刻み海苔を散らす。

太一本気レシピ
和肴 アジときゅうりの梅ごま和え 太一レシピ TAICHI'S RECIPE ⬢ 冷酒によく合う!

材料(2人分)

アジ(刺身用):100g
きゅうり:½本
みょうが:1個
青じそ:6枚
梅干し:2個

a │ オリーブ油:大さじ1½
  │ 白すりごま:大さじ1
  │ はちみつ:小さじ½
  │ しょうゆ:適宜

作り方

① きゅうりは薄い輪切りにする。みょうがは薄い半月切りにする。青じそは粗みじん切りにする。アジは1〜2cm幅に切る。

② 梅干しは種を除いてたたき、ボウルに入れてaを混ぜ合わせ、①を加えて和える。

TAICHI'S POINT はちみつを使うことで優しい甘さになり、コクが出る。

豚バラ肉のおつまみチャーシュー
豚肩ロース肉のスープ蒸し
豚ロース肉のローストポーク

男のロマン
シリーズ！
第31弾
「豚ブロック肉」

TAICHI'S COMMENT

チャーシューは味の染み込み加減が絶妙で、
豚バラ肉の旨味を感じられます。
スープ蒸しは八角の香りが上品！
ローストポークはサルサソースで
さっぱり感も楽しめます。

photo by TAICHI

中 肉 豚肩ロース肉のスープ蒸し

★豚肩ロース肉の特徴
赤身の間に脂身がまんべんなく入っており、火を加えてもかたくなりにくい。

材料（2～3人分）

豚肩ロース肉（ブロック）：
300g

a 干ししいたけ：3個
（10g）
水：300cc

b にんにく、しょうが：
各1片
八角：1個
干しナツメ：1個
紹興酒：50cc
塩：小さじ½
青ねぎ（小口切り）：好みで

SHINPEI'S POINT

豚肩ロース肉はかたくなりにくいので、長時間火を加えるメニューも美味しくいただける。

作り方

① 耐熱の器にaを合わせておく。干ししいたけがやわらかく戻ったら、豚肩ロース肉、bを加える。ラップをかける。

② 蒸し器を強火にかけ、沸いてきたら①を器ごと入れて蓋をし、中弱火で50分程蒸す。

③ 蒸し上がったら豚肉を取り出して薄く切って戻す。塩を加えて味をととのえる。青ねぎを添え、スープと一緒にいただく。

中肴 豚バラ肉のおつまみチャーシュー 🍺ビールによく合う！

材料(作りやすい分量)

豚バラ肉(ブロック)：950ｇ[*1]

a
- にんにく、しょうが (半分に切る)：各1片
- 長ねぎ(青い部分)： 1本分
- 水：600cc
- 紹興酒：50cc

b
- しょうゆ：50cc
- みりん：大さじ2
- 砂糖：大さじ1

和辛子、 長ねぎ(小口切り)： 各好みで

★豚バラ肉の特徴
その名の通りアバラ骨近くの肉で、脂身の割合が多い。

POINT

[*1] **チャーシューは、豚バラ肉の脂身を生かしてとろとろ食感に仕上げるのがオススメ。**

[*2] **煮汁が少ないとかたい仕上がりになってしまうので、調味料を加える前に下茹でしておく。**

作り方

① 豚バラ肉は、太い方が内側になるようにクルクルと巻いてたこ糸で縛る。

② 鍋にa、①を入れて強火にかける。沸いてきたら少しずらして蓋をし、弱火で30分程煮る。[*2]

③ bを加えて少しずらして蓋をし、弱火で30〜60分程煮る。たまに転がしながらじっくり煮る。

④ たこ糸を切って解き、食べやすい厚さに切って器に盛る。長ねぎ、和辛子を添える。

洋肉 豚ロース肉のローストポーク

材料(3〜4人分)

豚ロース肉(ブロック)：[*1] 400ｇ

a
- 砂糖、塩、 チリパウダー、 コリアンダーパウダー： 各小さじ1
- ガーリックパウダー： 小さじ⅓

b
- オリーブ油：大さじ1
- はちみつ：大さじ½

オリーブ油：大さじ1

【サルサソース】
- 玉ねぎ：20ｇ
- ピーマン：½個
- ケチャップ：大さじ2
- レモン果汁：大さじ½
- タバスコ：小さじ1

葉野菜(サラダ菜等)：好みで

★豚ロース肉の特徴
背中の部位で、やわらかく旨味が強い。

POINT

[*1] **赤身と脂身のバランスが良い豚ロース肉は、ガッツリと焼き上げるメニューで楽しむ。**

[*2] **豚肉は、はちみつとスパイスをまとっている状態で加熱すると焦げやすいので注意！**

作り方

① aを混ぜ合わせる。

② ボウルに豚ロース肉を入れて、よく混ぜたbをからめる。さらに①を加えて全体にしっかりともみ込み、ラップをかけて冷蔵庫で1時間以上置く。

③ フライパンを熱してオリーブ油をひき、②を入れて中強火で少し焼き目をつける。全体に焼き目がついたらフライパンから取り出し、クッキングシートを敷いた天板にのせ、160℃に予熱したオーブンに入れて30分程加熱する。[*2]途中で焦げそうになったらアルミホイルをかぶせる。

④ サルサソースを作る。玉ねぎ、ピーマンはみじん切りにする。その他のソースの材料と混ぜ合わせる。

⑤ ③の豚肉に火が通ったら薄く切り、器に盛る。④、葉野菜を添える。

Summer **789** 2023.07.30 OA

プロセスチーズのカルピオーネ
鶏むね肉のソテー とうもろこしのソース
夏牡蠣としそのパスタ

TAICHI'S COMMENT

カルピオーネは表面を焼いた
チーズの食感が最高！
鶏むね肉のソテーは火入れの加減が絶妙で、
甘みのあるとうもろこしのソースと合いますね。
パスタは牡蠣がジューシーで絶品です！

photo by TAICHI

伊 菜 プロセスチーズのカルピオーネ

材料（3～4人分）

プロセスチーズ：200g *1
セロリ：25g
玉ねぎ：40g
パプリカ：20g
オリーブ油：適宜

a｜白ワインビネガー：
　｜大さじ3
　｜オリーブ油：大さじ2
　｜砂糖：大さじ1
　｜塩：小さじ½
　｜黒こしょう：適宜

SHIMPEI'S POINT

*1 クセがなく熱に強いチーズを使用することで、形崩れせずに美味しく仕上がる。

*2 プロセスチーズは焼くことで表面が溶け出し、食感が変わってより美味しくなる。

★カルピオーネとは？
日本でいう南蛮漬けのようなもの。揚げた肉や魚を甘酢に浸した料理。

作り方

① セロリは筋を取ってからみじん切りにする。玉ねぎ、パプリカはみじん切りにする。

② 容器にaを混ぜ合わせ、①を加える。

③ プロセスチーズは1cm厚さに切る。フライパンを熱してオリーブ油小さじ1をひき、チーズを並べて強火で両面をサッと焼いて取り出す。

④ ②に③を加えて漬ける。ラップで押さえながら蓋をして冷蔵庫で冷やす。

⑤ 器に盛ってオリーブ油を回しかける。

伊 肉 鶏むね肉のソテー とうもろこしのソース

材料(2人分)

鶏むね肉:250 g [*1]
塩:小さじ¼
黒こしょう、片栗粉:
各適宜
オリーブ油:大さじ1
バター:5 g

【とうもろこしのソース】
とうもろこし:1本
クリームチーズ:90～100 g
にんにく:⅓片
バター:5 g
塩、黒こしょう:各適宜

SHIMPEI'S POINT

[*1] 鶏むね肉を使うことで、夏にぴったりの
さっぱりとした味わいになる。

[*2] 鶏むね肉は火が通りやすい厚さに切る
ことで、焼きすぎを防いでやわらかく仕
上がる。

[*3] 鶏むね肉を箸で押して反動があれば焼
き上がりの合図。

作り方

① とうもろこしのソースを作る。とうもろこしは皮をむ
いて芯に沿って包丁を入れ、実を切り外す。フライ
パンを熱してバター、とうもろこしを入れ、塩1つま
みと黒こしょうを振って中強火で炒める。火が通っ
たら取り出して冷ます。

② フードプロセッサーに①、クリームチーズ、にんにく、
塩小さじ⅓を入れてかける。

③ 鶏むね肉は筋と皮を取り除き、[*2] 2 cm厚さのそぎ切り
にする。塩、黒こしょうを振ってから片栗粉をまぶす。

④ フライパンを熱してオリーブ油をひき、③を並べて
蓋をして中火で焼く。焼き目がついたら返す。両面
に焼き目がついて鶏肉に火が通ったら、[*3]蓋を取って
バターを加えてからめる。

⑤ 器に④を盛って②を添える。

伊 麺 夏牡蠣としそのパスタ

材料(2人分)

スパゲッティーニ:160 g
岩牡蠣:200 g
にんにく:1片
青じそ:10枚
バター:10 g

a ┌ 白ワイン:大さじ1
　│ コンソメ(顆粒):
　│ 小さじ2
　└ 水:大さじ4
塩:小さじ¼
オリーブ油、黒こしょう:
各適宜
パルミジャーノ:適宜

SHIMPEI'S POINT

岩牡蠣は加熱しすぎると小さくなってしまう
ので注意する。

作り方

① 岩牡蠣は洗って水気を拭く。にんにくはみじん切りに
し、青じそは千切りにする。aは混ぜ合わせておく。

② スパゲッティーニはオリーブ油少々を加えた熱湯で、
袋の表示時間より1分程短く茹でる。

③ フライパンを熱してオリーブ油大さじ1をひき、にん
にくを弱火で炒める。香りが出てきたら岩牡蠣を加
える。両面に薄く焼き色がついたらaを加え、蓋を
して中強火で1分程加熱する。岩牡蠣を取り出して
火を止める。

④ ③のフライパンに茹で上がった②、バターを加えて
強火でザッと炒め合わせる。塩、黒こしょうを加え
て味をととのえる。

⑤ 器に④を盛って岩牡蠣、青じそをのせる。パルミ
ジャーノを削りかける。

Summer

790

2023.08.06 OA

尾道焼き
がんす

47 都道府県 ご当地 ごはん

第21弾
広島県編

TAICHI'S
COMMENT

尾道焼きは砂肝と
イカ天の食感が絶妙で、
味がしっかりまとまっていて美味しい!
がんすは軽い口当たりで、
さっぱりと食べられます。

photo by TAICHI

和 粉 尾道焼き

材料（1枚分）

砂肝：40g
イカ天：2枚（20g）
a ┃ 薄力粉：大さじ5
　┃ 水：80cc
　┃ サラダ油：大さじ½

卵：1個
焼きそば用麺：1玉
キャベツ：50g
だし粉、青海苔、お好み焼き
ソース：各適宜
サラダ油：大さじ2
塩：1つまみ
黒こしょう：適宜

★尾道焼きとは？
尾道風のお好み焼き。砂肝とイカ天の食感が特徴で、麺を蒸し焼きにすることでもちもち食感を楽しめる。

作り方

① 砂肝は2cm角に切って塩、黒こしょうを振る。ホットプレートを高温に熱してサラダ油大さじ½をひき、砂肝を入れて強火で炒める。火が通ったら取り出す。*1

② 焼きそば用麺は袋のまま600Wの電子レンジで1分半加熱する。キャベツは千切りにし、イカ天は砕く。

③ aを混ぜる。

④ ホットプレートを高温に熱して片面にサラダ油大さじ½をひき、③の⅔量を丸く流し入れる。上にキャベツ、①、イカ天、ほぐした焼きそば用麺をのせ、残りの③をかける。

⑤ 底が焼きかたまったら空いているところにサラダ油大さじ½をひき、その上に返し、蓋をして加熱する。両面が焼きかたまったら隣にサラダ油大さじ½をひき、卵を割り入れて黄身を潰し、卵の上にお好み焼きをスライドしてのせる。卵が焼きかたまったら返す。*2

⑥ お好み焼きソースをかけてだし粉、青海苔を振る。

*1 砂肝は銀皮（青白い部分）を取り除くとやわらかく食べられる。

*2 焼きそばの片面は蒸されてもちもち食感に、もう片面は直接焼いたパリパリの食感の状態を目指す。

和 魚 がんす

材料（作りやすい分量）

すき身タラ（生）：400g
玉ねぎ：80g
赤唐辛子：2本
a ┃ 片栗粉：大さじ2
　┃ 水、酒：各大さじ1

b ┃ 卵：1個
　┃ 薄力粉：大さじ2
パン粉（細かめ）、揚げ油：
各適宜
レタスまたはキャベツ
（細切り）、マヨネーズ、
七味唐辛子：各適宜

★がんすとは？
白身魚のすり身に玉ねぎを加え、パン粉をつけて揚げた呉市のご当地グルメ。お弁当のおかずや居酒屋メニューとしても親しまれる、地元の定番おかず。

作り方

① すき身タラはぶつ切りにする。ヘタと種を取った赤唐辛子をフードプロセッサーに入れて細かくなるまでかける。すき身タラ、aを加えてさらになめらかになるまでフードプロセッサーにかける。

② ボウルに①、みじん切りにした玉ねぎを加えてよく混ぜ合わせる。

③ ②を6等分に分け、7mm厚さの細長い小判形にまとめる。

④ ③を1枚ずつ、よく混ぜたbにからめてパン粉をまぶす。

⑤ 揚げ油を170℃に熱し、④を入れて中強火で3〜4分揚げる。衣がかたまってきたら返してきつね色にカリッと揚げる。

⑥ 器に盛ってレタスまたはキャベツとマヨネーズ、七味唐辛子を添える。

Summer
791
2023.08.13 OA

バスケットボールワールドカップ 対戦国の料理を食べよう!

ザワークラウト&ソーセージ（ドイツ）
ロヒ・ケイット（フィンランド）／ミートパイ（オーストラリア）

TAICHI'S COMMENT

ザワークラウトはしっかりと酸味があって、塩味のある味によく合います！
ロヒ・ケイットは、サーモンとクリーミーなスープの相性が抜群。
ミートパイは軽い感じで食べられるのがいいですね！

photo by TAICHI

洋菜 # ザワークラウト&ソーセージ  ビールによく合う!

材料(作りやすい分量)

キャベツ：550g
塩：大さじ½

a
酢：200cc
白ワイン：100cc
砂糖、塩：各小さじ1
黒こしょう(ホール)：小さじ1

ソーセージ：適宜

★ザワークラウトとは？
ソーセージ等の肉料理の付け合わせとしてよく用いられるキャベツの漬物で、ドイツの定番料理。

作り方

① キャベツは芯を切り落として千切りにし塩を加えてもみ、15分程置く。出てきた水分をしっかり絞る。

② フライパンにaを入れて中強火にかけ、沸騰したら①を入れて水分が無くなるまで中火で10分程煮る。

③ ソーセージは加熱して②と一緒に盛る。

SHINPEI'S POINT

*1 キャベツは塩もみをして余分な水分を抜いてから煮ることで、えぐみや苦味を軽減させることができる。

*2 酢を煮詰めることで、発酵させなくても簡単に本場の味を再現できる。

洋汁 ロヒ・ケイット

材料(2人分)

生鮭：350g
じゃがいも(メークイン)：200g
にんじん：100g
玉ねぎ：100g
にんにく：½片
ディル：½パック

水：400cc
コンソメ(顆粒)：小さじ2
生クリーム、牛乳：各100cc
薄力粉、バター：各10g
塩：小さじ⅓

★ロヒ・ケイットとは？
北欧の特産品である鮭(サーモン)や主食のじゃがいも、ディル等を使った、フィンランドの伝統的なスープ。

作り方

① 生鮭は骨を取り除いて3cm幅に切る。じゃがいも、にんじんは皮をむいて2cm角に切り、玉ねぎは3cm角に切る。にんにくは半分に切る。ディルは刻む。

② バターを室温または600Wの電子レンジで10秒程加熱してやわらかくし、薄力粉を加えてよく混ぜる。

③ 鍋に水を入れて火にかける。沸騰したら、コンソメ、にんじん、にんにくを入れ蓋をして、中強火で2分程煮る。じゃがいも、玉ねぎを加えて蓋をして、さらに5分程煮る。

④ 生クリーム、牛乳を加え、再度沸いてきたら生鮭を加えて煮る。火が通ったら②、塩を加えて混ぜる。ディルを加えて火を止める。

洋肉 ミートパイ 🍺ビールによく合う！

材料(作りやすい分量)

冷凍パイシート：2枚
合いびき肉：300g
玉ねぎ：100g
にんにく：1片
タイム：2枝
オリーブ油：大さじ½
薄力粉：大さじ1½

a │ 赤ワイン：150cc
　│ ケチャップ、
　│ ウスターソース：
　│ 各大さじ2
　│ 砂糖：小さじ1
　│ 塩：小さじ⅓
　│ 黒こしょう：適宜
卵黄：1個分

★ミートパイとは？
パイ生地の中にひき肉を入れて焼き上げた、オーストラリアの国民食。地域によって味つけが異なり、パン屋やコンビニなど、さまざまな場所で手に入るファストフード。

作り方

① 冷凍パイシートは冷蔵庫でやわらかく戻す。玉ねぎ、にんにくはみじん切りにする。

② フライパンを熱してオリーブ油をひき、にんにく、合いびき肉、タイムを加えて中強火で炒める。肉の色が変わったら玉ねぎを加えて炒める。

③ 玉ねぎが透き通ってきたら薄力粉を加えて炒め、粉っぽさが無くなったらaを加える。たまに混ぜながら中強火で5分程煮る。バット等に取り出して粗熱が取れたら冷蔵庫でしっかり冷やす。

④ パイシート1枚を4等分に切り、麺棒で一回り大きく伸ばす。もう1枚も同様にする。③を8等分に分けてパイシートにのせて半分に折って包む。閉じ口の3辺をフォークで押さえながらしっかり閉じる。

⑤ 天板にクッキングシートを敷き、④を並べ、表面に溶いた卵黄をはけで塗る。

⑥ 180〜200℃に予熱したオーブンで10分程焼く。

冷やし釜玉そうめん
オードブルそうめん／焼きカレーそうめん

TAICHI'S COMMENT

冷やし釜玉そうめんは冷たいあんが
食べやすく、のどごしがいい一品。
オードブルそうめんは和えるだけの
簡単レシピで驚き！
焼きカレーそうめんは夏らしい
カレー味が最高です。

photo by TAICHI

和 麺 冷やし釜玉そうめん

材料（2人分）

そうめん：4束（200g）
卵黄：2個
天かす、
かつお節（ソフトパック）、
青ねぎ（小口切り）：各適宜

【だしあん】
かつおだし：200cc
酒：大さじ1
みりん、薄口しょうゆ：
各大さじ½
塩：小さじ½
a｜片栗粉、水：各小さじ1

そうめんを冷たいだしあんにしっかりとからめることで、より美味しく食べることができる。

作り方

① だしあんを作る。小鍋にかつおだしを入れて強火にかけて一煮立ちさせ、酒、みりんを加えて再度一煮立ちさせる。薄口しょうゆ、塩を加えて混ぜる。火を弱火にしてよく混ぜたaを加え、混ぜながらとろみをつける。とろみがついたら粗熱を取ってから冷蔵庫で1時間程冷やす。

② そうめんは袋の表示時間通りに茹で、流水で洗ってザルに上げて、押さえながら水気をしっかり絞る。

③ 器に②を盛ってだしあんをかけ、中央に卵黄を落とし、天かす、かつお節、青ねぎをのせる。

和 麺 オードブルそうめん

材料（2人分）

そうめん：2束（100g）
【海苔チーだれ】
a｜海苔の佃煮：小さじ2
　｜オリーブ油：大さじ1
　｜しょうゆ：小さじ1
粉チーズ：適宜

【ツナマヨみそだれ】
b｜ツナ缶：70g
　｜マヨネーズ：小さじ2
　｜みそ：小さじ1
【韓国風だれ】
c｜キムチ：100g
　｜ごま油、酢：各大さじ½
　｜コチュジャン：小さじ½
韓国海苔：適宜

作り方

① そうめんは袋の表示時間通りに茹で、流水で洗ってザルに上げ、押さえながら水気をしっかり絞る。

② ①を3等分に分ける。それぞれよく混ぜ合わせたa、b、cに入れて和える。器に盛り、海苔チーだれそうめんには粉チーズを、韓国風だれそうめんにはちぎった韓国海苔を散らす。

和 麺 焼きカレーそうめん

材料（2人分）

そうめん：3束（150g）
ハム：50g
長ねぎ：60g
ピーマン：1個
サラダ油、ごま油：
各大さじ1

a｜酒：大さじ2
　｜オイスターソース：
　｜大さじ1
　｜カレー粉、
　｜鶏がらスープの素（顆粒）：
　｜各小さじ2
　｜塩：小さじ¼

茹で上げる時間を短くすることで、炒め上がった時にちょうどよいかたさになる。

作り方

① ハムは半分に切ってから5mm幅に切る。長ねぎは5mm厚さの輪切りにし、ピーマンは縦半分に切ってから種とワタを取り除き横5mm幅に切る。

② そうめんは1分茹で、流水で洗って水気をしっかり絞る。サラダ油をまぶす。

③ フライパンを熱してごま油をひき、①を強火で炒める。油が回ったら②を加えてほぐしながら炒める。よく混ぜ合わせたaを加えて炒め合わせる。

梅かつお炭酸ぶっかけ飯
鶏むね肉ときなこのぶっかけ飯
ライタ風ぶっかけ飯

TAICHI'S COMMENT

梅かつお炭酸ぶっかけ飯は
やみつきになる美味しさで驚き！
鶏むね肉ときなこのぶっかけ飯は
きなこが味のまとめ役ですね。
ライタ風ぶっかけ飯はサラダ感覚で
さらさら食べられます！

photo by TAICHI

和飯 梅かつお炭酸ぶっかけ飯

材料(2人分)

冷たいごはん：2人分
炭酸水(冷やす)：適宜
練り梅：小さじ3
あられ：好みで

a
かつお節(ソフトパック)：5g
しょうゆ：大さじ1½
酒、みりん：各大さじ1
白炒りごま：小さじ2
砂糖：小さじ1

作り方

① 小鍋にaを混ぜ合わせて中強火で2分半程煮詰める。ボウル等に移し、粗熱を取ってから冷蔵庫で30分程冷やす。

② 器にごはんを盛って①、練り梅をのせ、炭酸水をかける。好みであられを散らす。

POINT
炭酸水をかけてもしっかりとした味になるように、よく煮詰めて仕上げる。

和飯 鶏むね肉ときなこのぶっかけ飯

材料(2人分)

温かいごはん：2人分
鶏むね肉：70g
溶き卵：1個分
かつおだし：300cc

a
酒、みりん：各大さじ1
しょうゆ：小さじ2
塩：小さじ½

b
片栗粉、水：各大さじ½
きなこ：小さじ2
青ねぎ(小口切り)、山椒粉：各適宜

作り方

① 鶏むね肉は皮を取って5mm厚さのそぎ切りにする。[*1]

② 小鍋にかつおだしを入れて中強火にかけ、沸騰したらaを混ぜ合わせて煮立て、よく混ぜたbを加えて混ぜながらとろみをつける。[*2]

③ ②に①を加えて煮て、火が通ったら菜箸に伝わらせながら溶き卵を加えて火を止める。

④ 器にごはんを盛って③をかけ、きなこ、青ねぎ、山椒粉を振る。

POINT

[*1] 鶏むね肉は薄く切ることで加熱時間を短縮でき、やわらかく仕上がる。

[*2] 先に水溶き片栗粉を加えてとろみをつけておくと、鶏肉の加熱時間を短縮できてやわらかい食感になる。

印飯 ライタ風ぶっかけ飯

材料(2人分)

ごはん：2人分
フルーツトマト：75g
きゅうり：60g
粉チーズ、黒こしょう：各適宜

a
プレーンヨーグルト：大さじ2
粉チーズ：大さじ1
オリーブ油：大さじ½
フレンチマスタード：小さじ½
塩：小さじ⅓

作り方

① フルーツトマトは7mm角に、きゅうりは5mm角に切る。

② ボウルにaを混ぜ合わせ、①を加えて混ぜる。

③ 器にごはんを盛って②をかけ、粉チーズ、黒こしょうを振る。

POINT
野菜を均一の大きさに切ることで、味に一体感が増す。

★ライタとは？
インド周辺の地域で食べられているヨーグルトのサラダ。

夏の自由研究　光るグミ作り

夏休みの宿題に困っている子どもたち必見！
スーパー等で簡単に手に入れられる材料を使って、不思議なグミ作りに挑戦します。

光るグミ

材料（3〜4人分）

栄養ドリンク：大さじ9
粉ゼラチン：15g
砂糖：大さじ6

① 耐熱容器に栄養ドリンク、粉ゼラチン、砂糖を入れて軽く混ぜる。

② 500Wの電子レンジで30秒程加熱し、よく混ぜてゼラチンと砂糖を溶かす。

③ 型に流し込む。

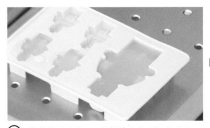

④ 冷蔵庫で40分〜1時間冷やしてかためる。

⑤ 型から取り出したら出来上がり。

太一「え〜！　本当に光るのこれ？」
あまりにも簡単な作り方に、半信半疑の2人。

ブラックライトを入れた段ボールの中で見てみると…？

光る原因は、栄養ドリンクに含まれるビタミンB2。

ビタミンB2は目に見えない紫外線を吸収し、目に見える光（蛍光）を放出する働きがある。

「お〜！　たしかにちゃんと光ってますね」（心平）
「うわ〜！　かっこいいじゃん！　何が光ってるのかな？」（太一）

男子ごはんの秋。
Autumn

きのこづくし！ 秋のおつまみ3品

舞茸のサクサク揚げ／しめじと豚肉の粒マスタード炒め
しいたけの網焼きピリ辛ソース

TAICHI'S COMMENT

舞茸のサクサク揚げは唐揚げ感覚で
食べられて、ジューシーで美味しい！
粒マスタード炒めはマリネのような
さっぱりとした味に、豚肉がよく合います。
しいたけの網焼きはピリ辛味が
やみつきになりそう！

photo by TAICHI

和肴 舞茸のサクサク揚げ 🍺ハイボールによく合う!

材料(2人分)

舞茸：大1パック（200g）
a
　にんにく
　（すりおろし）：1片分
　しょうゆ、酒：
　各大さじ1
　ごま油：小さじ1

薄力粉、片栗粉：
各大さじ3
炭酸水：100cc
揚げ油：適宜

作り方

① 舞茸は大きめにほぐす。ボウルにaを入れて混ぜ合わせ、舞茸を加えてからめる。

② 別のボウルに薄力粉、片栗粉を入れ、混ぜ合わせながら炭酸水を少しずつ加えて衣を作る。[*1]

③ 揚げ油を180℃に熱し、①に②をからめながら加えて中強火で揚げる。衣がかたまってきたら、たまに返しながらカリッと揚げる。[*2]

SHIMPEI'S POINT

*1 炭酸水を加えることで細かい気泡ができ、サクサクとした食感の衣に仕上がる。

*2 舞茸に含まれる水分を程良く残しながら揚げることで、ジューシーな仕上がりになる。

洋肴 しめじと豚肉の粒マスタード炒め 🍷白ワインによく合う!

材料(2～3人分)

しめじ：1パック（200g）
豚肩ロース薄切り肉：
150g
玉ねぎ：⅛個（30g）
にんにく：½片

サラダ油：大さじ½
粒マスタード：大さじ1
塩、黒こしょう：各適宜

作り方

① しめじは石づきを落として小房に分ける。豚肩ロース薄切り肉は5mm幅に切って塩小さじ¼、黒こしょうを振る。玉ねぎ、にんにくはみじん切りにする。

② フライパンを熱してサラダ油をひき、豚肉を強火で炒める。肉の色が半分くらい変わったら玉ねぎ、にんにくを加えて炒める。豚肉に火が通ったらしめじを加えて炒める。

③ しめじが少ししんなりしたら粒マスタード、塩小さじ¼、黒こしょうを加えて味をととのえる。

SHIMPEI'S POINT

しめじは香りが強いので、粒マスタードと合わせてもしっかりと味を楽しむことができる。

和肴 しいたけの網焼きピリ辛ソース 🍺ビールによく合う!

材料(2人分)

しいたけ：6個

【ピリ辛ソース】
青唐辛子：1本
青じそ：2枚
青ねぎ：2本
白炒りごま：小さじ2
麺つゆ（3倍濃縮）、酢：
各大さじ1

作り方

① グリルを中火で熱し、しいたけは笠を下にして並べじっくり焼く。

② ピリ辛ソースを作る。青唐辛子は種ごとみじん切りにする。青じそはみじん切り、青ねぎは小口切りにし、その他の材料と混ぜる。

③ 焼き上がったしいたけの笠の内側に②をのせる。

お家で簡単！ お月見ごはん

大根のすまし汁／水菜のあっさり漬け
鶏つくねの月見丼

TAICHI'S COMMENT

大根のすまし汁はほっとする味だけど
山椒が良いアクセント。
水菜のあっさり漬けは
水菜の食感があって美味しいです。
鶏つくねの月見丼はおつまみにも
なりそうな絶妙な味つけ！

photo by TAICHI

和 汁 大根のすまし汁

材料（2人分）

鶏ももひき肉：100g
大根：60g
a ┌ かつおだし：400cc
　├ 酒：大さじ1
　└ みりん：大さじ½

塩：小さじ⅓
しょうゆ：大さじ1
粉山椒：適宜

作り方

① 鍋にaを混ぜ合わせて強火にかける。沸いてきたら鶏ももひき肉をスプーンで一口大にすくい、丸めながら加える。

② 大根は皮をむいて7mm厚さの輪切りにする。①に加えて再び沸いてきたらアクを取り、蓋をして中弱火で5分程煮る。

③ 大根に火が通ったら塩、しょうゆを加えて味をととのえる。

④ 器に盛って粉山椒を振る。

POINT

大根は火が通りやすく、かつ加熱しても満月の形が残るように7〜8mm厚さに切る。

和 菜 水菜のあっさり漬け

材料（2人分）

水菜：1束
塩：少々

a ┌ すし酢：大さじ2
　├ しょうゆ：大さじ½
　├ 赤唐辛子（小口切り）：
　└ 小さじ½

作り方

① 水菜は根元を切り落として3cm長さに切る。

② 鍋に湯を沸かして塩、①を加えて2分程茹でる。ザルに上げて水で洗って水気をしっかり絞る。

③ ボウルにaを混ぜ合わせ、②を加えて和えてなじませる。冷蔵庫で冷やす。

和 飯 鶏つくねの月見丼

材料（2人分）

鶏ももひき肉：300g
玉ねぎ：¼個（60g）
卵白：1個分
卵黄：2個分
薄力粉：大さじ1
塩：小さじ⅓
黒こしょう：適宜

a ┌ しょうゆ：大さじ2½
　├ みりん：大さじ2
　└ 砂糖：大さじ1
温かいごはん：2人分
青ねぎ（小口切り）：適宜

作り方

① 玉ねぎはみじん切りにしてボウルに入れ、鶏ももひき肉、卵白、薄力粉、塩、黒こしょうを加えてよく混ぜ合わせる。半分に分け、円盤形にまとめる。中央をくぼませる。

② aを混ぜ合わせる。

③ フライパンを熱して①を並べて蓋をし、中弱火で2分程焼く。焼き目がついたら返して蓋をしてもう2分焼く。火が通ったら②を加えてからめる。

④ 器に温かいごはんを盛って③を1個くぼみを上にしてのせ、くぼみの周りに青ねぎを散らし、くぼみに卵黄1個分を落とす。もう1人分も同様に盛る。

ピリ辛レバニラ炒め
中華風冷奴／かきたまスープ

TAICHI'S COMMENT

レバニラ炒めはごはんが進む
ピリ辛味が最高！
冷奴はさっぱりと美味しくて、
辛味のある料理と合いますね。
かきたまスープは口当たりがなめらかで、
卵の食感を楽しめます。

photo by TAICHI

中 肉 ピリ辛レバニラ炒め

材料（2人分）

豚レバー：200g
a┌ しょうが
  │ （すりおろし）：1片分
  │ 酒、しょうゆ：
  └ 各大さじ1
玉ねぎ：¼個（50g）
ニラ：½束
もやし：1袋
にんにく：½片
サラダ油：大さじ2

b┌ 酒：大さじ2
 │ オイスターソース、
 │ しょうゆ：各大さじ1
 │ みりん：大さじ½
 │ 豆板醤、赤唐辛子（小口
 │ 切り）、鶏がらスープの素
 │ （半練り）、砂糖：
 └ 各小さじ1
片栗粉、揚げ油：各適宜

作り方

① 豚レバーは1.5cm厚さの一口大に切ってボウルに入れ、aを加えてもみ込む。ラップをかけて冷蔵庫に入れて30分程置く。

② 玉ねぎは縦5mm厚さに切り、ニラは5cm長さに切る。にんにくは横薄切りにする。bは混ぜ合わせる。

③ ①のレバーはザルに移して汁気をよくきり、片栗粉を全体にまぶす。揚げ油を180℃に熱し、レバーを入れて中火で揚げる。表面がカリッとかたまったら油をきって取り出す。

④ フライパンを熱してサラダ油をひき、にんにくを中強火で炒める。香りが出てきたら玉ねぎ、もやしを加えて炒め、もやしが半透明になってきたらニラを加える。油が回ったら③を加える。

⑤ bを加えて炒め合わせる。

中 汁 かきたまスープ

材料（2人分）

卵：2個
長ねぎ：10cm
水：600cc

a┌ 鶏がらスープの素
 │ （半練り）：小さじ2
 │ 酒：大さじ1
 └ しょうゆ：小さじ1
b┌ 片栗粉、水：各小さじ2

作り方

① 卵はザックリと溶き、*1 長ねぎは小口切りにする。

② 鍋に水を入れて強火にかけ、沸騰したらaを加える。フツフツしてきたらよく混ぜたbを加えてとろみをつける。

③ *2 少し火を弱め、菜箸に溶き卵を伝わらせながら全体に回し入れる。卵がかたまったら火を止める。

④ 器に盛って長ねぎをのせる。

SHUMPEI'S POINT

*1 卵は混ぜきらずに黄身と白身が分かれたままにすると、加熱した時により美味しく仕上がる。

*2 菜箸を使って少しずつ溶き卵を流し込むことで、卵がふわっとした口当たりのいい食感に仕上がる。

中 豆 中華風冷奴

材料（2人分）

豆腐（絹）
（軽く水切りしておく）：
½丁
ザーサイ：25g
しょうが：1片

a┌ すし酢、しょうゆ：
 │ 各大さじ½
 └ ごま油：小さじ1

作り方

① ザーサイ、しょうがはみじん切りにしてボウルに入れ、aを加えて混ぜ合わせる。

② 豆腐を半分に切って器にのせ、①をかける。

2023.10.01 OA

秋の和定食

塩サバ ナスと穂じその炒めだれ／エリンギの焼きびたし
根菜混ぜごはん／さつまいものいも汁

TAICHI'S COMMENT

塩サバは穂じその
爽やかな香りが秋にぴったり！
焼きびたしはピリッとする
味つけがいいアクセント。
混ぜごはんは根菜の食感が
しっかり残っているのがポイント！
いも汁は白みそがさつまいもの甘みを
引き立たせていますね。

photo by TAICHI

和 汁 ## さつまいものいも汁

材料（2人分）

さつまいも：200g
かつおだし：400cc
白みそ：大さじ2½

SHIMPEI'S POINT

さつまいもに白みそを合わせることで、塩分を抑えつつまろやかなとろみを加えることができる。

作り方

① さつまいもはピーラーで皮をむいて2cm厚さのいちょう切りにし、水にさらす。

② 鍋にかつおだし、水気をきったさつまいもを入れて蓋をして中火で7～8分煮る。さつまいもがやわらかくなったらマッシャー等で潰す。白みそを入れて溶き混ぜ、一煮する。

和 魚 塩サバ ナスと穂じその炒めだれ

材料（2人分）

塩サバ（半身）：2枚
ごま油：少々

【ナスと穂じその炒めだれ】
ナス：200g
穂じそ：1パック
しょうが：大1片（25g）
サラダ油：大さじ2
a｜ しょうゆ：大さじ4
　｜ 酒、みりん：各大さじ2
　｜ 砂糖：大さじ1

作り方

① 塩サバは皮目に数本切り込みを入れ、ごま油をまぶして中強火のグリルで様子をみながら7～8分程焼く。

② ナスは1cm角に切り、水にさらす。しょうがはみじん切りにする。穂じそは実を茎から取る。

③ フライパンを熱してサラダ油をひき、水気をしっかりきったナスを入れて強火で炒める。ナスがしんなりしたらしょうが、穂じそを加えて炒める。香りが出てきたらaを加え、軽くナスを潰しながら汁気が無くなるまで中火で炒め煮にする。

④ 器に①を盛って③をかける。

和 菜 エリンギの焼きびたし

材料（2人分）

エリンギ：1パック
サラダ油：大さじ½

a｜ かつおだし：100cc
　｜ しょうが（薄切り）：½片分
　｜ 赤唐辛子（小口切り）：
　｜ 小さじ1
　｜ 酒、みりん、しょうゆ：
　｜ 各大さじ1
　｜ 塩：小さじ½
すし酢：大さじ2

作り方

① エリンギは小さいものは縦5mm厚さ、大きいものは長さを半分に切ってから縦5mm厚さに切る。

② 小鍋にaを混ぜ合わせて火にかけ、煮立ったら火を止める。ボウルに移し、すし酢を加えて冷ます。

③ フライパンを熱してサラダ油をひき、エリンギを強火で焼く。少し焼き目がついたら取り出し、②に漬けて冷蔵庫で冷やす。

POINT

エリンギの軸に含まれる水分を残して焼き上げることで、ジューシーな仕上がりになる。

和 飯 根菜混ぜごはん

材料（作りやすい分量）

温かいごはん：2合分
にんじん、れんこん、
ごぼう：各100g
ごま油：大さじ1

a｜ かつおだし：50cc
　｜ みりん、酒、しょうゆ：
　｜ 各大さじ2
　｜ 砂糖：大さじ½
　｜ 塩：小さじ½

POINT

炊き込みごはんにせず具材を煮含めてからごはんに混ぜることで、根菜の食感と味をより楽しむことができる。

作り方

① にんじん、れんこんはピーラーで皮をむいて1cm角に切る。ごぼうは皮を包丁でこそぎ、縦半分に切ってから7～8mm角に切る。れんこんとごぼうは水にさらす。

② フライパンを熱してごま油をひき、にんじん、水気をしっかりきったれんこん、ごぼうを入れて強火で炒める。油が回ったらaを加える。たまに混ぜながら汁気が無くなるまで中強火で7分程煮る。

③ 温かいごはんに②を加えて、サックリと混ぜる。

手作りの鮭フレークを使った料理5品

鮭フレーク／ブロッコリー炒め
ピザ／焼きめし／ポテトサラダ

TAICHI'S
COMMENT

鮭フレークは時間の経過とともに
味の変化を楽しめます。
ブロッコリー炒めは鮭の塩気が絶妙！
ピザは鮭とチーズの相性が抜群ですね。
焼きめしはしっとりとした食感で美味しいです。
ポテトサラダは味がしっかりしていて
お酒が進む一品！

photo by TAICHI

和 魚 鮭フレーク

材料(作りやすい分量)

甘塩鮭：500g

a｜しょうゆ：大さじ2
　｜酒、みりん：各大さじ1

SHIMPEI'S
POINT

*1 鮭は火を止めてゆっくりと加熱すること
で、水分や脂が程良く残ってしっとりと
した仕上がりになる。

*2 鮭にすでに火が通っているので、表面の
水分を飛ばす程度に炒める。まだ骨が
残っている場合は、炒めながら取り除く。

作り方

① 耐熱の密閉袋に甘塩鮭を入れ、しっかりと空気をぬ
いて封をする。

② 鍋に湯を沸かして①を沈め、*1 蓋をして火を止める。
そのまま30分程置く。

③ 鮭が入った密閉袋を取り出して冷ます。皮と骨を取
り除きながら身をほぐす。鮭をフライパンに入れて、
強火でほぐしながら炒める。*2 aを加えて水分を飛ば
すように炒め合わせる。

④ 保存容器に入れて、1週間程度保存が可能。

和菜 ブロッコリー炒め

材料（2人分）

鮭フレーク：30g　　　オリーブ油：大さじ1½
ブロッコリー：小1個　　塩：1つまみ
にんにく：1片　　　　水：大さじ1

POINT

*1 ブロッコリーの焼き上がりの目安は、表面に水分が浮いてきて、少し焼き目がついた状態。

*2 水を加えることで油が乳化し、ブロッコリーと鮭フレークの旨味がより引き立つ。

作り方

① ブロッコリーは小房に切り分ける。にんにくはみじん切りにする。

② フライパンを熱してオリーブ油をひき、ブロッコリーを入れて中強火で炒める。油が回ったら蓋をし、たまに混ぜながら加熱する。

③ ブロッコリーに少し焼き目がついたら[*1]、にんにく、塩、水を加えて混ぜ[*2]、鮭フレークを加えて炒め合わせる。

洋菜 ポテトサラダ 🍺ビールによく合う！

材料（2人分）

鮭フレーク：50g　　　　マヨネーズ：大さじ2
じゃがいも：2個（200g）　粒マスタード：小さじ2
野沢菜：50g

POINT

じゃがいもが熱いうちに具材を混ぜ合わせることで、野沢菜の塩分が溶け出して味にまとまりが出る。

作り方

① じゃがいもは皮をむいて4等分に切り、水に5分程さらす。水気をきったじゃがいもを耐熱ボウルに入れる。ふわっとラップをかけて600Wの電子レンジで6分加熱する。マッシャー等で潰す。

② 野沢菜は汁気を絞って小口切りにする。①に加えて混ぜ、粗熱を取り冷蔵庫に入れて30分程冷ます。

③ ②がしっかり冷めたら鮭フレーク、マヨネーズ、粒マスタードを加えて和える。

伊粉 ピザ

材料（2人分）

鮭フレーク：大さじ2　　　ピザクラスト：1枚
ピザ用チーズ：100g　　　ルッコラ：適宜
牛乳：大さじ2　　　　　オリーブ油、黒こしょう：
　　　　　　　　　　　　各適宜

作り方

① ピザ用チーズと牛乳を混ぜる。

② ピザクラストにオリーブ油少々を回しかけ、鮭フレークを広げて、①、黒こしょうを振る。トースターで焼き目が少しつくまで10分程焼く。ルッコラをのせ、オリーブ油少々を回しかける。

和飯 焼きめし

材料（2人分）

鮭フレーク：100g　　　青ねぎ：5本
温かいごはん：400g　　サラダ油：大さじ1½
卵：2個　　　　　　　白炒りごま：大さじ1
にんにく：1片　　　　塩：小さじ½
　　　　　　　　　　黒こしょう：適宜

作り方

① 卵は溶く。にんにくはみじん切りにする。青ねぎは小口切りにする。

② フライパンを熱してサラダ油をひき、にんにくを中火で炒める。香りが出てきたらごはんを加えてほぐしながら炒める。鮭フレーク、青ねぎ、白炒りごま、塩、黒こしょうを加えて炒め合わせる。フライパンの片側にごはんを寄せ、空いたところに溶き卵を加えて炒め合わせる。

Autumn 800 2023.10.15 OA

シーフードクリームスープ
ナポリタン／スコッチエッグ

昭和の洋食屋さんメニュー

第12弾

TAICHI'S COMMENT

シーフードクリームスープは
魚介の旨味を感じられて美味しいです。
ナポリタンはレンジで簡単に作れる
手軽さがいいですね。
スコッチエッグはひき肉とまろやかな
半熟卵の相性が抜群！

photo by TAICHI

洋 汁 シーフードクリームスープ

材料（2人分）

冷凍シーフードミックス
（解凍したもの、出てきた水
分も使う）：100g
ピーマン（ヘタと種を取った
もの）：20g
玉ねぎ：30g

生クリーム、牛乳：
各200cc
コンソメ（顆粒）：小さじ1
塩：小さじ⅓

作り方

① ピーマンは縦半分に切ってから、横薄切りにする。
玉ねぎは薄切りにする。

② 鍋に生クリームと牛乳を入れて中火にかけ、沸騰し
てきたらコンソメ、塩、①、シーフードミックスを汁
ごと加えて中弱火で4分半程煮る。

074

洋 肉 スコッチエッグ

材料（2人分）

卵（使う直前まで冷蔵庫に
入れておく）：4個
合いびき肉：300g

a ┌ ウスターソース：
　　大さじ1
　　薄力粉：大さじ½
　　塩：小さじ¼
　　ナツメグ：小さじ⅙
　└ 黒こしょう：適宜
b ┌ 卵：1個
　└ 薄力粉：大さじ3
揚げ油、パン粉（細かめ）：
各適宜

【デミグラスソース】
デミグラスソース缶：1缶
（290g）
赤ワイン：大さじ3
中濃ソース：大さじ2
ケチャップ：大さじ1

サニーレタス、
トマト（くし形切り）：各適宜

*1 沸騰した湯に冷たい卵を入れて茹でる
　ことで、失敗なく半熟状の茹で卵を作
　れる。

*2 肉だねは、つなぎ目ができないように表
　面を均一になめらかにまとめることで、
　揚げている時に割れにくくなる。

作り方

① 半熟茹で卵を作る。*1 鍋に卵がかぶるくらいの量の湯を沸かし、冷蔵庫から出した卵を入れて中火で8分茹でる。すぐに氷水に入れてしっかり冷やす。殻をむく。

② デミグラスソースを作る。小鍋にデミグラスソースの全ての材料を混ぜ合わせて中強火で5分程煮る。容器に入れる。

③ ボウルに合いびき肉、aを入れてよく混ぜ合わせる。4等分にし、①の茹で卵を包む。*2 つなぎ目ができないように肉だねの表面を均一になめらかにまとめる。

④ bを混ぜる。③にbをからめ、パン粉をまぶす。

⑤ 揚げ油を180℃に熱し、④を入れて中火で揚げる。衣がかたまってきたらたまに転がしながらきつね色に揚げる。

⑥ ⑤を半分に切って器に盛り、サニーレタス、トマト、②を添える。

洋 麺 ナポリタン

材料（2人分）

サラダスパゲッティ：50g
玉ねぎ：20g
ピーマン
（ヘタと種を取ったもの）：
10g

ハム：10g
ケチャップ：大さじ2
砂糖：小さじ½

スパゲッティは熱いうちに具材と和えることで、かたまらずになじみ良く仕上がる。

作り方

① 玉ねぎは薄切りにする。ピーマンは横薄切りにする。ハムは半分に切って細切りにする。

② 耐熱ボウルにケチャップ、砂糖を入れて混ぜ、①を加えて混ぜ合わせる。ふわっとラップをかける。600Wの電子レンジで2分加熱する。

③ サラダスパゲッティは袋の表示時間通りに茹でる。茹で汁をきって②に加えて和える。

④ スコッチエッグに添える。

台湾まぜそば
ねぎチャーシュー

TAICHI'S
COMMENT

台湾まぜそばはかつお節粉が
ポイントになって美味しいです。
ねぎとニラの食感も楽しい!
シメに追い飯はマストですね。
ねぎチャーシューはしっかりした味で
お酒が進む一品!

photo by TAICHI

台湾まぜそば

材料（2人分）

中華麺（極太・生麺）：2玉
青ねぎ：6本
ニラ：6本
にんにく：大2片
かつお節粉：大さじ2
卵黄：2個分
刻み海苔：適宜

【台湾ミンチ】
豚ひき肉：300g
赤唐辛子：3本
a ┌ 酒、しょうゆ：各50cc
　│ みりん、赤みそ、砂糖：
　│ 各大さじ½
　│ オイスターソース：
　│ 小さじ1
　└ ごま油：小さじ1

【たれ】
酒：100cc
みりん：50cc
b ┌ しょうゆ：大さじ2
　│ かつお節粉：大さじ1
　│ 豆板醤：小さじ2
　│ 砂糖、オイスターソース、
　└ ラード：各小さじ1
c ┌ 片栗粉、水：各小さじ1

温かいごはん：適宜

作り方

① 台湾ミンチを作る。aを混ぜ合わせる。赤唐辛子はちぎりながら種ごとaに加えて混ぜる。

② フライパンを熱してごま油をひき、豚ひき肉を加えて強火でほぐしながら炒める。色が変わったら①を加え、汁気が無くなるまで中強火で炒め煮にする。

③ たれを作る。小鍋に酒、みりんを合わせて強火にかける。半量になるくらいまで煮詰めたら、bを加えて一煮する。よく混ぜたcを加えてとろみをつける。

④ 青ねぎは小口切りにし、ニラは細かく刻み、にんにくはみじん切りにする。

⑤ 中華麺は袋の表示時間通りに茹でる。ザルに上げて水道の湯で洗って水気をきる。ボウルに入れ、③を大さじ3〜4加えて和える。

⑥ 器に⑤を盛って④、かつお節粉、刻み海苔をのせ、中央に②をのせる。台湾ミンチの上に卵黄を落とす。よく混ぜながら食べる。

⑦ 好みで器に残ったたれにごはんを加えて混ぜながら食べる。

ねぎチャーシュー

材料（2人分）

豚カルビ肉（焼き肉用）：200g
長ねぎ：40g
しょうが：1片
塩：小さじ½

黒こしょう：適宜
ごま油：小さじ1
a ┌ しょうゆ：大さじ2
　│ みりん、酒：各大さじ1
　└ 砂糖：大さじ½
ラー油：適宜

SHIMPEI'S POINT

*1 豚肉の旨味をより感じられるように、赤身と脂身の割合を均等に切る。

*2 豚肉が熱いうちに生の長ねぎを合わせると長ねぎの辛味が和らぎ、しんなりしてからみやすくなる。

作り方

① 豚カルビ肉は斜め細切りにし、*1 塩、黒こしょうを振る。長ねぎは斜め薄切りにして水に5分程さらす。水気をしっかりきる。しょうがは千切りにする。aは混ぜ合わせておく。

② フライパンを熱してごま油をひき、豚肉を入れて強火で炒める。焼き目がついたらしょうが、aを加え、汁気を飛ばすように炒め煮にする。

③ ボウルに②、長ねぎ、ラー油を合わせて和える。*2

どて焼き／ねぎ焼き とんぺい焼き

TAICHI'S COMMENT

どて焼きはしっかり煮込んだ
とろとろの食感が最高！
ねぎ焼きはさっぱりとした
たれが生地とよく合います。
とんぺい焼きは大阪らしい
ほっとする味で美味しいです。

photo by TAICHI

和 肉 とんぺい焼き

材料(作りやすい分量)

卵：3個
もやし：40g
豚バラ薄切り肉：70g
サラダ油：大さじ1

塩：適宜
黒こしょう：適宜
お好み焼きソース、かつお節
（ソフトパック）、青海苔、
マヨネーズ・各適宜

★とんぺい焼きとは？
大阪を代表するご当地グルメで、鉄板粉もんの一種。仕上げに卵を使うの
が特徴で、最近は豚バラ肉を卵で包む代わりに小麦粉を使用しないものも
ある。

SHINPEI'S POINT

ホットプレートの盤面を全体的に使うこと
で、具材を卵できれいに包むことができる。

作り方

① 卵は溶く。

② ホットプレートを熱してサラダ油大さじ½をひき、
豚バラ薄切り肉を広げ、塩小さじ⅕、黒こしょうを
振って炒める。豚肉を適度な大きさに切り、火が
通ったら取り出す。続いてもやしを炒める。塩を振
り、透き通ってきたら取り出す。

③ ホットプレートをサッと拭いてサラダ油大さじ½をひ
き、卵を全体に流し入れる。片側に②をのせる。裏
がかたまってきたら②を軸にして、両端を中心に向
かってパタンパタンと折って少し焼きかためる。

④ お好み焼きソース、マヨネーズをかけて、かつお節、
青海苔を振る。

和 肉 どて焼き

材料（作りやすい分量）

牛すじ肉：500g
こんにゃく：1枚（220g）
砂糖：大さじ½
青ねぎ（小口切り）：適宜
七味唐辛子または一味唐
辛子：適宜

a 白みそ：大さじ5
しょうゆ：大さじ4
みりん：大さじ2
砂糖：大さじ½

水：800cc
酒：100cc

★どて焼きとは？
牛すじ肉をみそやみりんで長時間かけて煮込んだ大阪の下町グルメ。鍋のふちにみそをどて（土手）のように盛ることからその名がついたと言われている。

作り方

① 牛すじ肉は、大きい場合は一口大に切る。鍋に湯を沸かして牛肉を入れ、強火で茹でる。沸いてアクが出てきたら茹で汁を捨てて、牛肉を洗う。

② 鍋に水、酒、①を入れて強火にかける。沸いてきたら少しずらして蓋をし、弱火で50分程茹でる。

③ こんにゃくは水気をきって縦3等分に切ってから、横5mm厚さに切る。ボウルに入れて砂糖を加え、よくもみ込む。水分が出てきたら流水で洗って水気をきる。

④ ②に③、aを加えて火を強め、再び沸いてきたら弱火で30分煮る。たまに混ぜる。

⑤ 器に盛って青ねぎ、七味唐辛子または一味唐辛子を振る。

和 粉 ねぎ焼き

材料（2人分）

どて焼き：60g
九条ねぎ：½束

a 長芋（すりおろす）：
150g
水：50cc
卵：1個
薄力粉：大さじ2
かつお節粉：小さじ½

サラダ油：大さじ1

【ポン酢だれ】
ポン酢：大さじ½
麺つゆ（3倍濃縮）、
水：各大さじ1

★ねぎ焼きとは？
小麦粉を溶いた生地にたっぷりの青ねぎを加えて焼いた、大阪で人気の郷土料理。

作り方

① ポン酢だれを作る。ポン酢、麺つゆ、水を混ぜ合わせる。

② どて焼きは細かく刻む。九条ねぎは小口切りにする。

③ ボウルにaを入れて混ぜ合わせる。

④ ホットプレートを低温に熱してサラダ油をひき、③の¾量を丸く流し入れて上にどて焼き、九条ねぎをのせ、残りの③をかけて蓋をし高温で焼く。裏面に焼き目がついたら返す。再び蓋をして中温で3～4分焼く。

⑤ 食べやすく切って①につけながら食べる。

豆乳キムチチゲ
心平流キムマリ

豆乳キムチチゲは、まろやかで
飽きのこない美味しさ!
シメのリゾットはチーズが入ることで
イタリアン風に楽しめます。
キムマリは海苔の中に
香りや旨味がたっぷり!

韓 鍋 豆乳キムチチゲ

シメまで美味しい!

材料(2〜3人分)

豚もも薄切り肉(しゃぶしゃぶ用):200g
豆腐(絹):1丁
しめじ:1パック
ニラ:1束
キムチ:200g

a
| しょうゆ:大さじ2
| 酢:大さじ1
| 豆板醤:小さじ1

【豆乳スープ】
豆乳(無調整):1ℓ
ベーキングパウダー:小さじ¼

b
| 鶏がらスープの素(半練り):大さじ1½
| コチュジャン、しょうゆ:各大さじ1
| 豆板醤:大さじ½
| 赤唐辛子(小口切り):小さじ1
| にんにく(みじん切り):1片分

SHIMPEI'S POINT

豆乳は熱しすぎると分離してしまうので、ベーキングパウダーを加えて分離を防ぐ。

作り方

① 豆腐は水気をきって6等分に切る。しめじは石づきを落として小房に分ける。ニラは細かく刻み、⅔はaと混ぜ合わせてニラだれにする。残りは鍋に使う。

② 鍋に豆乳を入れて中火にかけ、温まったらベーキングパウダーを加えて混ぜ合わせる。bを加える。フツフツしてきたらキムチ、しめじ、豆腐、豚もも薄切り肉を加えてサッと煮る。仕上げにニラを振りかける。

韓 飯 シメの豆乳チーズリゾット

材料(作りやすい分量)
ごはん:250g／ピザ用チーズ:50g

作り方

① 鍋に残った煮汁を温め、ごはんを加えてほぐしながら煮る。

② フツフツしてきたらピザ用チーズを加えて混ぜる。好みでニラだれを加えながら食べる。

韓 菜 心平流キムマリ

材料(2〜3人分)

春雨:40g
牛切り落とし肉:70g
ピーマン:½個(15g)
にんじん:30g
ごま油:大さじ½

a
| しょうゆ:大さじ4
| みりん:大さじ1
| 砂糖:大さじ1½

焼き海苔:4枚

b
| 薄力粉、水:各大さじ1

c
| 天ぷら粉:100g
| 水:160cc

揚げ油:適宜

作り方

① 春雨はたっぷりの熱湯で3〜4分程煮て、水気をしっかりきってから冷ます。

② ピーマンは縦細切りにし、にんじんは皮をむいて縦薄切りにしてから細切りにする。aを混ぜ合わせる。

③ フライパンを熱してごま油をひき、牛切り落とし肉、ピーマン、にんじんを加えて炒める。肉の色が変わったら①を加えてザッと炒め、*1 aを加えて水分が無くなるまで炒め合わせる。取り出してしっかり冷ます。

★キムマリとは?
韓国語で"キム=海苔"、"マリ=巻く"という意味。春雨を海苔で巻いて作る天ぷらで、今人気の屋台飯。

④ b、cをそれぞれ混ぜる。

⑤ 巻きすに焼き海苔を1枚のせ、海苔の両端を2cm程空けて、手前に③の¼量をのせる。巻きすを向こう側に持ち上げつつ、ギュッと押さえながら巻く。巻き終わりにbを塗ってピッチリ閉じる。残りの3枚も同様に巻く。

⑥ 包丁の刃をサッと濡らし、1本を4等分に切る。

⑦ 揚げ油を180℃に熱し、*2 ⑥にcの衣をたっぷりとつけて入れる。衣がかたまってきたらたまに返しながら中強火でカリッと揚げる。

SHIMPEI'S POINT

*1 水分を飛ばしながら春雨にしょうゆが染み込むまでしっかりと味つけすることで、海苔で巻いて揚げても味がぼやけない。

*2 衣をたっぷりとつけて揚げることで、具材に油が染み込むのを防ぐ。

中華屋さんのポークカレー
糸こんにゃくとメンマの炒め和え

Autumn

804

2023.11.12 OA

TAICHI'S COMMENT

ポークカレーは辛くてうまい！
中華の風味によって
カレーの美味しさが引き立ちますね。
糸こんにゃくとメンマの炒め和えは
香菜の香りがアクセントになっています。

photo by TAICHI

中 飯 中華屋さんのポークカレー

材料（4人分）

豚バラ薄切り肉：250ｇ
塩：小さじ⅓
黒こしょう：適宜
干ししいたけ：15ｇ
干ししいたけの戻し汁：
150cc
ナス：2本（200ｇ）
長ねぎ：1本
にんにく：1片
花椒：大さじ1
サラダ油：大さじ1
赤唐辛子：2本

a 水：450cc
カレー粉：大さじ3
オイスターソース：
大さじ2
豆板醤：大さじ½
鶏がらスープの素
（半練り）：小さじ2
b 片栗粉、水：各大さじ2
しょうゆ：大さじ½
温かいごはん、
福神漬け：各適宜

作り方

① 干ししいたけはかぶるくらいの水（分量外）につけてやわらかく戻す。汁気を軽く絞って半分に切る。戻し汁は150ccとっておく。

② 豚バラ薄切り肉は一口大に切って塩、黒こしょうを振る。ナスは1.5cm厚さの斜め切りにする。長ねぎは斜め薄切りにする。にんにくはみじん切りにする。花椒はすり潰す。

③ 鍋を熱してサラダ油をひき、ナスを入れて強火で焼く。焼き目がついたら返して豚肉を加えて炒める。肉の色が変わったら長ねぎ、干ししいたけ、にんにく、ヘタを取った赤唐辛子を種ごと加えて炒める。

④ 油が回ったら、干ししいたけの戻し汁と混ぜ合わせたaを加える。沸いてきたら花椒を加えて火を弱め、アクを取りながら3〜4分煮る。味をみてしょうゆでととのえる。

⑤ よく混ぜたbを回し入れてとろみがつくまで煮込む。

⑥ 器にごはんを盛って⑤をかけ、福神漬けを添える。

POINT

干ししいたけを水で戻す時は、密閉袋等に入れると早くやわらかくなる。

中 菜 糸こんにゃくとメンマの炒め和え

材料（4人分）

糸こんにゃく（アク抜き不要
のもの）：1袋（300ｇ）
メンマ：50ｇ
香菜：2〜3枝（30ｇ）

a しょうゆ：大さじ1½
酒、みりん：各大さじ1
砂糖：小さじ1
ごま油：大さじ½

作り方

① 糸こんにゃくは水気をきって食べやすい長さに切る。[*1]メンマ、根を切り落とした香菜は、みじん切りにする。aを混ぜ合わせる。

② [*2]フライパンを熱して糸こんにゃくを入れ、中強火で乾煎りする。チリチリと音がしてきたら、aを加えて炒め合わせる。[*3]水分が飛んだらメンマ、香菜、ごま油を加えて炒め合わせる。

POINT

*1 メンマは細かいみじん切りにすることで、糸こんにゃくに風味がうつる。

*2 表面の水分が無くなるまで乾煎りすることで、味がぼやけるのを防ぐ。

*3 合わせ調味料を先に加えることで、糸こんにゃくに味が染み込みやすくなる。

ごぼうとメカジキの炒め煮
千切り大根とハムのチヂミ／れんこんシューマイ

TAICHI'S COMMENT

炒め煮はさっぱりとした
味つけがごぼうにぴったり！
チヂミはモチッと感と
軽さがあって美味しいです。
シューマイはれんこんの
歯応えが新鮮！

photo by TAICHI

和 魚 ごぼうとメカジキの炒め煮

材料（2人分）

ごぼう：小1本（100g）	a	しょうゆ、酒：
メカジキ：150g		各大さじ1½
塩：1つまみ		みりん：大さじ1
黒こしょう：適宜		すし酢、白炒りごま：
片栗粉：大さじ1		各大さじ½
		砂糖：小さじ1
	サラダ油：大さじ1	
	糸唐辛子：適宜	

作り方

① ごぼうは包丁で皮をこそいで5cm長さに切り、太い部分は縦半分に切る。水に5分程さらし、しっかりと水気をきる。

② メカジキは一口大に切り、塩、黒こしょうを振る。メカジキとごぼうに片栗粉をまぶす。

③ aを混ぜ合わせる。

④ フライパンを熱してサラダ油をひき、ごぼうを入れて蓋をして中火で焼く。薄い焼き目がついたら返してメカジキを加え、蓋をして焼く。

⑤ メカジキに焼き目がついたら返し、aを加えて炒め合わせる。器に盛って糸唐辛子をのせる。

POINT メカジキは火が通りすぎないように、ごぼうに半分程火が入ったタイミングで加えると美味しく仕上がる。

韓 粉 千切り大根とハムのチヂミ

ビールによく合う！

材料（作りやすい分量）

大根：300g	片栗粉：大さじ½
ハム：40g	ごま油：適宜
にんにく：½片	ラー油、酢、しょうゆ：
塩：小さじ½	各適宜

作り方

① 大根は皮をむいて5cm長さの千切りにする。ハムは半分に切ってから細切りにする。にんにくはみじん切りにする。

② ボウルに①、塩、片栗粉を入れて混ぜ合わせる。

③ フライパンを熱してごま油大さじ1をひき、②を入れて丸く広げる。蓋をして中強火で3分程じっくり焼く。焼き目がついたら返し、フライパンの縁からごま油少々を回し入れる。フライ返しで押さえながら3分程カリッと焼き上げる。

④ 器に盛り、好みでラー油、酢、しょうゆを合わせて添える。

中 菜 れんこんシューマイ

材料（作りやすい分量）

れんこん：200g	a	鶏がらスープの素
豚バラ薄切り肉：50g		（顆粒）：小さじ1
青ねぎ：3本		塩：小さじ¼
しょうが：1片		薄力粉：小さじ2
		黒こしょう：適宜

作り方

① れんこんは皮をむいてすりおろす。出てきた水分を少し絞る。豚バラ薄切り肉は細切りにする。青ねぎは小口切りにし、しょうがはみじん切りにする。

② ボウルに①、aを入れてよく混ぜ合わせる。直径3〜4cm程のシューマイ形に丸め、蒸し器に入る大きさの耐熱皿に並べる。ラップをフワッとかける。

③ 蒸し器を沸かし、②をのせて蓋をして15分程強火で蒸す。

POINT すりおろしたれんこんは水気を適度に絞ることで、形が崩れずきれいに蒸し上がる。

世界のチャーハン&餃子 第1弾 メキシコ編

タコス風チャーハン
ナチョス風餃子

TAICHI'S COMMENT

タコス風チャーハンは
とうもろこしの香りがきいていて、
食欲をそそられる味です。
ナチョス風餃子はメキシカンな味つけと
餃子の相性が良くて驚きました!

photo by TAICHI

洋 飯 タコス風チャーハン

材料（2人分）

合いびき肉：200g
香菜：3枝
玉ねぎ：¼個（60g）
にんにく：1片
トルティーヤチップス
（タコス味）：25g
塩：小さじ½
温かいごはん：400g

a ┌ トマト水煮缶
  │ （ダイスカット）：
  │ 大さじ3
  │ チリパウダー、塩：
  │ 各小さじ½
  └ 黒こしょう：適宜

【サルサ】
トマト：1個（150g）
セロリ：1本（50g）
青唐辛子：2本

b ┌ 酢：大さじ1
  │ オリーブ油：大さじ½
  └ 塩、砂糖：各小さじ½

【ワカモレ】
アボカド：1個

c ┌ にんにく（すりおろし）：
  │ ½片分
  │ オリーブ油：大さじ1
  │ レモン果汁：大さじ½
  └ 塩：小さじ½

★タコスとは？
とうもろこしから作られるトルティーヤで様々な具材を包んで食べる、メキシコの国民食。

作り方

① サルサを作る。トマトは5mm角に切り、セロリはみじん切りにする。青唐辛子は種ごと小口切りにする。ボウルに入れてbを加えて混ぜ合わせる。

② ワカモレを作る。アボカドは縦半分に切り込みを入れて半分に割り、皮と種を取り除く。cを加えてマッシャー等でなめらかになるまで潰して混ぜる。

③ 香菜、玉ねぎ、にんにくはみじん切りにする。

④ フライパンを熱して合いびき肉を入れ、強火でほぐしながら炒める。肉の色が変わったらaを加えて炒め合わせる。調味料がなじんだらごはんを加え、ほぐしながら炒める。全体が混ざったらにんにく、玉ねぎ、香菜、砕いたトルティーヤチップス、塩を加えて炒め合わせる。

⑤ 器に④を盛り、①、②を添える。

洋 肉 ナチョス風餃子 🍺 ビールに よく合う!

材料（2人分）

豚ひき肉：200g
キドニービーンズ（水煮）：
50g
玉ねぎ：30g
にんにく：1片
青唐辛子：1本

a ┌ トマト水煮缶
  │ （ダイスカット）：
  │ 大さじ4
  │ 酢：大さじ1
  │ チリパウダー、塩：
  │ 各小さじ½
  └ 黒こしょう：適宜

餃子の皮（大）：1袋
ピザ用チーズ：120g
サラダ油：小さじ3
水：適宜

★ナチョスとは？
溶かしたチーズ等をかけたトルティーヤチップスをベースとするメキシコ料理。

作り方

① 玉ねぎ、にんにくはみじん切り、青唐辛子は種ごとみじん切りにしてボウルに入れ、豚ひき肉、キドニービーンズ、aを加えてよく混ぜ合わせる。豆を軽く潰すようにしながら混ぜる。

② 餃子の皮の縁に水をつけ、真ん中に①をスプーン1杯分すくってのせ、包むように半分に折る。ひだを寄せながらピッチリと閉じる。

③ 卵焼き器またはフライパンにサラダ油小さじ1をひき、餃子を6、7個並べて中強火にかける。パチパチ音がしてきたら水50ccを加え、蓋をして蒸し焼きにする。

④ 水分が少なくなったら、餃子の周りに⅓量のピザ用チーズを加える。チーズが溶けて焼き目がついてかたまってきたら器に取り出す。

⑤ 残り2回分も同様に焼く。

POINT

キドニービーンズは軽く潰すようにしながら混ぜ合わせることで、一体感のあるあんに仕上がる。

DANSHI GOHAN

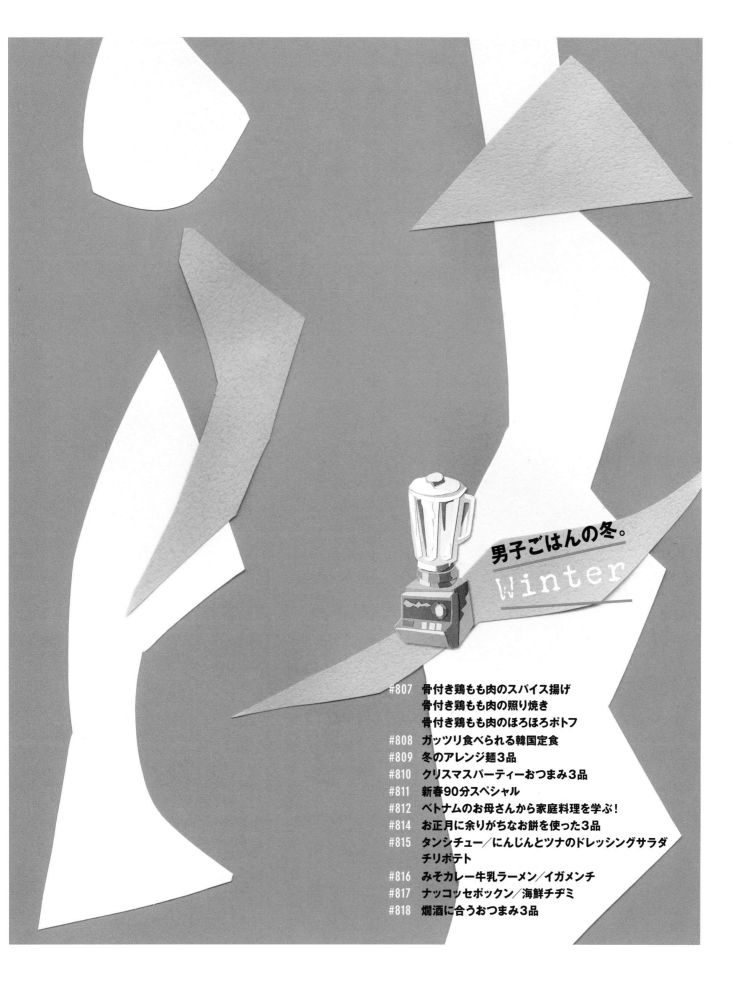

男子ごはんの冬。

Winter

骨付き鶏もも肉のスパイス揚げ
骨付き鶏もも肉の照り焼き
骨付き鶏もも肉のほろほろポトフ

男のロマン
シリーズ！
第32弾
「骨付き鶏もも肉」

TAICHI'S COMMENT

スパイス揚げはスパイシーなのに
どこか上品な味わい。
照り焼きは意外とさっぱりしているので
何本でも食べられそうですね。
ポトフはお肉がやわらかくて、
優しい味つけで美味しいです。

photo by TAICHI

洋 肉 **骨付き鶏もも肉のスパイス揚げ** ❶ ハイボールに よく合う！

材料（2人分）

骨付き鶏もも肉：
2本（600ｇ）
塩：小さじ1
黒こしょう：適宜
揚げ油：適宜

a 片栗粉、薄力粉：各20ｇ[*1]
白こしょう：大さじ1
ガーリックパウダー、
コリアンダーパウダー、
チリパウダー：各小さじ1

フリルレタス：好みで

SHIMPEI'S POINT

[*1] 薄力粉は衣をしっかりとつける役割、片
栗粉は衣をカリッとさせる役割を果たす。

[*2] スパイスをしっかりつけるため、鶏肉の
水分は拭かないでおく。皮の裏側にも
しっかりとスパイスパウダーをまぶす。

作り方

① 鶏肉に塩、黒こしょうを振って室温で20分程置く。

② ボウルにaを入れて混ぜ合わせ、①にまぶす。[*2]

③ フライパンに鶏肉が浸るくらいの揚げ油を入れて
180℃に熱し、②を入れる。170℃にして中火で揚げる。
衣がかたまってきたらたまに返しながら10～15分程
じっくり揚げる。器にフリルレタスを敷き、鶏肉を
盛る。

和 肉 骨付き鶏もも肉の照り焼き

材料（2人分）

骨付き鶏もも肉：
2本（600g）
塩：小さじ½
黒こしょう：適宜

酒、みりん、しょうゆ：
各50cc
砂糖：大さじ1
インゲン（塩茹で）：適宜

作り方

① 鶏肉に塩、黒こしょうを振って室温で20分程置く。

② 小鍋に酒、みりんを合わせて強火にかける。半分程になるまで煮詰める。黄色っぽくなってきたら砂糖、しょうゆを加えて一煮立ちする。

③ フライパンを熱して①を皮目を下にして入れ、蓋をして中強火で8分程蒸し焼きにする。焼き目がついたら返して4〜5分程両面をじっくり焼く。

④ 鶏肉に火が通ったら再び皮目を下にし、キッチンペーパーでフライパンの余分な脂を拭き取ってから②を加えてからめる。

⑤ 器にインゲンを敷いて④を盛り、フライパンに残ったソースをかける。

POINT

酒とみりんを先に火にかけてアルコール分を飛ばして濃縮させることで、甘みと旨味がたっぷりの照り焼きソースになる。

洋 肉 骨付き鶏もも肉のほろほろポトフ

材料（2人分）

骨付き鶏もも肉：2本
（600g）
塩：小さじ½
黒こしょう：適宜
じゃがいも：2個（300g）
にんじん：大1本（200g）
玉ねぎ：1個（200g）

a｜水：700cc
　｜ローリエ：2枚
　｜にんにく（半分に切る）：
　｜1片分
　｜白ワイン：50cc
塩：小さじ1
サワークリーム：適宜

作り方

① 鶏肉は塩、黒こしょうを振って室温で20分程置く。じゃがいもは皮をむいて5cm大に切り、にんじんは皮をむいて一口大の乱切りにする。玉ねぎはざく切りにする。

② フライパンを熱して鶏肉を皮目を下にして入れ、強火で焼く。両面に焼き目をつけたら脂ごと鍋に移す。aを加えて強火にかける。沸いてきたら蓋をして中弱火で30分程煮る。じゃがいも、にんじん、玉ねぎを加え、蓋をしてさらに20分煮る。塩を加えて味をととのえる。

③ 器に盛ってサワークリームをのせる。

ガッツリ食べられる韓国定食

トッカルビ／スンドゥブ
ほうれん草の韓国海苔和え

TAICHI'S COMMENT

トッカルビはごはんが進むしっかり味で、
お肉の食感がいいですね
スンドゥブはさっぱりとした
辛さで美味しい！
ほうれん草の韓国海苔和えは
食感があって箸休めに最高です。

photo by TAICHI

韓 肉　トッカルビ

材料（2人分）

牛薄切り肉：400g[*1]

玉ねぎ：小¼個（50g）

にんにく：½片

a｜ 卵：1個

酒、コチュジャン：
各大さじ1

薄力粉、韓国唐辛子（粉）：
各大さじ½

塩：小さじ¼

ニラ：2本

b｜ しょうゆ：大さじ2

みりん：大さじ1½

砂糖：小さじ2

ごま油：大さじ½

白炒りごま：適宜

★トッカルビとは？
韓国の屋台やレストランにも並ぶ、牛肉を使った韓国式ハンバーグ。

POINT

*1 **ひき肉ではなく薄切り肉をたたいて使うことで、肉々しさを感じる食べ応えのある仕上がりになる。**

*2 **コチュジャンが焦げやすいため、成形したたねを並べてから火をつける。焦げないように中弱火で焼き目をつけ、蓋をしながら蒸し焼きで仕上げる。**

作り方

① 玉ねぎ、ニラはみじん切りにする。牛薄切り肉は細かくたたく。にんにくはすりおろす。

② ボウルに牛肉、玉ねぎ、にんにく、aを入れてよく混ぜ合わせる。半分に分け、半量はニラを加えて混ぜる。それぞれ4等分に分けて、2cm厚さの丸形にまとめる。

③ bを混ぜ合わせる。

④ フライパンに②を並べ、中弱火にかける。ごま油を回し入れ、蓋をして蒸し焼きにする。焼き目がついたら返して両面を焼き、bを加えてからめる。器に盛って白炒りごまを振る。

韓 汁　スンドゥブ

材料（2人分）

豆腐（絹）：1丁

ニラ：2本

キムチ：100g

水：600cc

鶏がらスープの素（半練り）：
大さじ½

a｜ 酒、コチュジャン、
しょうゆ：各大さじ1

豆板醤：小さじ1

作り方

① 豆腐は水気をきって4等分に切る。ニラは3cm長さに切る。

② 鍋に水、鶏がらスープの素を入れて強火にかける。沸いてきたら中火にしてaを加えて混ぜ合わせ、キムチ、豆腐を加える。熱々になったらニラを加えて一煮する。

POINT

しっかりした味のスープに仕上げることで、淡泊な豆腐もごはんが進む味わいになる。

韓 菜　ほうれん草の韓国海苔和え

材料（2人分）

ほうれん草：1束

韓国海苔：5枚

a｜ ごま油、しょうゆ、
すし酢：各大さじ1

塩：少々

作り方

① ほうれん草は塩を入れた熱湯で茹で、流水でよく洗って水気を絞る。5cm長さに切る。さらに水気を絞る。

② ボウルに①、ちぎった韓国海苔、aを加えて和える。

Winter

809

2023.12.17 OA

冬のアレンジ麺3品

簡単チーズ和えうどん
鯛しゃぶそば／さっぱり煮干し中華そば

TAICHI'S COMMENT

簡単チーズ和えうどんがクリーミーで、
レンジだけで作ったとは思えないおいしさ！
鯛しゃぶそばは白身魚とそばの相性が抜群
さっぱり煮干し中華そばは
だしがしっかりきいた本格的な味です！

photo by TAICHI

和 麺 簡単チーズ和えうどん

材料(1人分)

うどん(冷凍)：1玉
ふりかけ：大さじ½

a
水：100cc
白だし：大さじ1½
片栗粉：小さじ1
ピザ用チーズ：25g

作り方

① aを混ぜ合わせる。

② うどんは袋のまま600Wの電子レンジで1分加熱する。

③ 耐熱の器に袋から出した②を入れる。①を加え、フワッとラップをかける。600Wの電子レンジで2分加熱する。ザッと混ぜてふりかけを振る。

和 麺 鯛しゃぶそば

材料（2人分）

そば（乾麺）：2束
鯛（刺身用さく）：150g
長ねぎ（白い部分）：1本分
かつおだし：700cc

a ┃ 酒：大さじ2
　┃ みりん：大さじ1
　┃ 薄口しょうゆ：
　┃ 大さじ2½
　┃ 塩：小さじ1～1½
ゆずこしょう：適宜

POINT

鯛は薄切りにすることで、しゃぶしゃぶにした時にそばと一緒に食べやすい。

作り方

① 鯛は薄くそぎ切りにする。長ねぎは5cm長さの白髪ねぎにして、水にさらす。

② 鍋にかつおだしを入れて蓋をして強火にかける。沸いてきたら中火にしてaを混ぜ合わせる。

③ そばは袋の表示時間通りに茹で、流水で洗って水気をきる。器に一口分ずつ盛る。上に鯛を2切れずつのせる。

④ ②に水気をきった白髪ねぎを加えて一煮し、しんなりしたら③をしゃぶしゃぶして、白髪ねぎと一緒に食べる。好みでゆずこしょうをのせながら食べる。

和 麺 さっぱり煮干し中華そば

材料（2人分）

中華麺（ちぢれ麺）：2玉
水：1200cc
煮干し：70g
鶏がらスープの素
（半練り）：大さじ⅔
ラード：大さじ2
長ねぎ（白い部分）：1本分
ほうれん草（茹でたもの）：
適宜

【しょうゆだれ】
しょうゆ：大さじ4
酒：大さじ2
みりん：大さじ1
砂糖：小さじ1
煮干し：5g

POINT

煮干しは水につけて一晩かけて戻すことで、本格的な味の美味しいスープに仕上がる。

作り方

① 水と煮干しを合わせて一晩置く。

② スープを作る。鍋に①を入れて沸かし、沸いてきたら蓋をして中弱火で15分程煮る。ザルでこす。再び鍋に戻して加熱し、鶏がらスープの素を加えて一煮する。

③ しょうゆだれを作る。小鍋に全ての材料を混ぜ合わせて中火にかける。たまに混ぜながら半量になるまで煮詰める。

④ 長ねぎは5cm長さの白髪ねぎにして水にさらし、水気をしっかりきる。

⑤ 1人前ずつ盛り付ける。器にラード大さじ1、③のたれ大さじ2を入れ、②のスープを半量注ぐ。ラードを溶かす。

⑥ 中華麺は袋の表示時間通りに茹でる。茹で上がったら湯で洗い、水気をしっかりきって⑤に加える。④の白髪ねぎ、ほうれん草をのせる。

810

2023.12.24 OA

クリスマスパーティーおつまみ3品

ナゲットチーズソース
餃子の皮で作るミートパイ／白身魚のフリットのせピンチョス

TAICHI'S COMMENT

ナゲットは玉ねぎの食感が新鮮で、
チーズソースがよく合います
ミートパイは軽い食感で楽しめる、
子どもも喜ぶメニューですね
ピンチョスは3種類の味が重なることで
深みのある味わいに！

photo by TAICHI

洋 肴 餃子の皮で作るミートパイ

材料(作りやすい分量)

餃子の皮：8枚
合いびき肉：200g
a ┌ ケチャップ：大さじ3
　│ 中濃ソース：大さじ1
　│ 砂糖：小さじ1
　└ 塩：小さじ¼

ピザ用チーズ：小さじ8
にんにく：1片
オリーブ油：小さじ1
パセリ(みじん切り)：適宜
エンダイブ、ミニトマト：
各適宜
アルミカップ：8個

作り方

① アルミカップに餃子の皮を入れて、カップ状になる
ように型を作る。餃子の皮の底に数ヵ所フォークで
穴を開ける。天板に並べてトースターで3〜4分程
少し焼き目がつくまで焼く。

② にんにくはみじん切りにする。フライパンを熱してオ
リーブ油をひき、にんにくを中火で炒める。香りが
出てきたら合いびき肉を加えてほぐしながら強火で
炒める。

③ 肉の色がほぼ変わったらaを加えて炒め合わせる。

④ ①に③を等分して詰めてピザ用チーズを小さじ1ず
つかける。トースターで2分程チーズが溶けて焼き
目がつくまで焼く。仕上げにパセリを振る。

⑤ 器にエンダイブ、ミニトマト、④を美しく盛る。

洋肴 ナゲットチーズソース

材料（3〜4人分）

鶏むねひき肉：300ｇ
玉ねぎ：20ｇ
a┌ 薄力粉：大さじ1
　│ コリアンダー
　│ パウダー：小さじ1
　│ ガーリックパウダー：
　│ 小さじ½
　└ 塩：小さじ⅔
揚げ油：適宜

b┌ 卵：1個 [*1]
　│ 片栗粉、薄力粉：
　│ 各大さじ2
　└ 水：大さじ1

【チーズソース】
ピザ用チーズ：60ｇ
片栗粉：大さじ½
牛乳：70cc
生クリーム：30cc
塩：小さじ⅓
黒こしょう：適宜

作り方

① 玉ねぎはみじん切りにしてボウルに入れ、鶏むねひき肉、 aを入れてよく混ぜる。手で小さめの一口大に成形する。[*2]

② 揚げ油を170℃に熱する。 bを混ぜ合わせる。①をbの衣にからめて揚げ油に入れ、中火で揚げる。衣がかたまってきたらたまに返しながら、カリッときつね色になるまで揚げる。

③ チーズソースを作る。[*3] 小鍋にピザ用チーズと片栗粉を入れて混ぜる。牛乳、生クリームを加えて火にかける。混ぜながら加熱し、チーズが溶けてとろみがついたら塩、黒こしょうを加えて混ぜる。

④ 器に②を盛ってチーズソースを添える。

SHIMPEI'S POINT

[*1] 片栗粉、薄力粉、卵を混ぜて、とろっとした液状になるように混ざり具合をみて水を加える。

[*2] 衣がふくらむので、ナゲットは小さめに成形する。

[*3] チーズに片栗粉をまぶすことで、冷めてもかたまりにくくなる。

洋肴 白身魚のフリットのせピンチョス

材料（作りやすい分量）

【タラのフリット】
生タラ：200ｇ
塩：小さじ⅓
a┌ 薄力粉：大さじ2
　│ 片栗粉：大さじ1
　│ ベーキングパウダー：
　│ 小さじ⅓
　└ オリーブ油：小さじ1
炭酸水：50cc
揚げ油：適宜

バゲット、オリーブ（緑・種なし）：各適宜

【パプリカのマリネ】
赤パプリカ：½個（130ｇ）
にんにく：¼片
オリーブ油：大さじ1
白ワインビネガー：大さじ½
塩：1つまみ

【バジルソース】
バジル（葉を摘んだもの）：20ｇ
にんにく：2ｇ
バターピーナッツ：15ｇ
オリーブ油：大さじ3
塩：小さじ¼

★ピンチョスとは？
スペイン料理の一種。様々な具材を串に刺した一口サイズのおつまみや軽食のこと。

作り方

① パプリカのマリネを作る。赤パプリカは縦5mm幅に切り、にんにくはみじん切りにする。小鍋を熱してオリーブ油をひき、赤パプリカを加えて蓋をし、中強火でたまに混ぜながらじっくり炒める。少ししんなりしたらにんにくを加えて炒める。香りが出てきたら塩、白ワインビネガーを加えて混ぜ、火を止める。粗熱を取って冷ます。

② バジルソースを作る。フードプロセッサーに全ての材料を合わせ、ペースト状になるまでかける。

③ タラのフリットを作る。生タラは骨があれば取り除き、3cm幅に切って塩を振る。ボウルにaを入れて混ぜ合わせ、炭酸水を加えてザックリ混ぜて衣を作る。

④ 揚げ油を180℃に熱し、タラを衣にくぐらせてから加えて中強火で揚げる。衣がかたまってきたらたまに返しながら揚げ、少し揚げ色がついてカリッとしたら油をきって取り出す。

⑤ 1cmの厚さに切ったバゲットにパプリカのマリネ、タラのフリット、バジルソース、オリーブの順に重ねてピンチョスの串を刺す。

SHIMPEI'S POINT

衣に炭酸水を加えることで、気泡が入ったまま揚がってカリカリの食感に仕上がる。

Winter 811
2024.01.03 OA

新春90分スペシャル
男子ごはん in
ベトナム・ホーチミン
Danshi Gohan in Vietnam Ho Chi Minh City

ハノイ

ホーチミン

★ベトナム
南シナ海に面した活気あふれる国。"アジア有数の美食国"としても知られ、米食文化で野菜を多く使用したヘルシーな食べ物が多い。

★ホーチミン
フランス領時代の建築物や街並み、美味しい食べ物が魅力のベトナム最大の都市。年間の平均気温は約28℃。

ベトナムを訪れるのは今回が初めての太一。オープニングからかなりテンションが高め…？

★ 1日目 Day 1

ベトナムに到着して、お腹がペコペコの2人。
まずはベトナムを代表する国民食、フォーを求めて散策スタート！

Ho Chi Minh City
1軒目

Phở Hoà Pasteur
フォー ホア パスター

ホーチミンで一番有名なフォーの店と言われる、地元の人に愛される人気店。質の高い様々な種類のトッピングが魅力。

太一は鶏肉、心平は牛肉のフォー、そして美味しいと噂の生春巻きも注文。
日本では鶏肉のフォーが有名ですが、
ベトナムで一番人気なのは牛肉のフォーなんだそう。

まずはベトナムのビールで

Dô ～ !
（乾杯！）

4年ぶりとなる海外ロケで訪れたのは、ベトナム・ホーチミン！
美食の国としても知られるベトナムは、中華料理をベースにフランス料理の要素も取り入れた、
日本人の舌によく合う料理がたくさん！
今回は2泊3日のツアー企画。海の幸も山の幸も豊富なホーチミンで、絶品料理を食べ尽くします！
旅の目的はずばり、ベトナム料理を食べて学び、
日本で生かすこと！のはずが、非常事態発生でロケ中止の危機に…!?

Phở Gà　鶏肉のフォー

Phở Bò Chin　茹でた牛肉のフォー

★フォーとは？　ベトナムの北部発祥と言われる、米粉と水を練って作られる平打ち麺。

テーブルに用意された4種類のハーブを、好みでちぎって入れるのが本場の食べ方。牛肉や鶏肉等の具材は、チリソースベースの特製だれにつけていただきます。

スープを一口飲んだ太一は、あまりの美味しさに「Ngon!（美味しい！）」を連呼。
「コクがすごいですね。これはうまい！ベトナムに来て良かった〜！」(太一)
「香りやスパイスがきいていますね！麺も細麺で美味しい」(心平)

Gỏi Cuốn　生春巻き

ベトナムでは大定番の生春巻き。具材はエビの他に数種類のハーブやニラ、そして米麺。みそベースの特製だれにつけて食べるのがベトナム流。

「香りがすごくいい！ソースが替わると味わいが全然違いますね」(太一)

「これを超える料理は出てこない気がする…」と早くも大満足の太一。

男子ごはん in ベトナム・ホーチミン

2軒目

Bún Thịt Nướng Chị Tuyền
ブン ティット ヌン チ トゥイン

ホーチミンでグルメツアーに参加すると必ず訪れるという人気店。

Bún thịt nướng, thập cẩm ブンティットヌン ミックス

★ブンとは？
ベトナムの南部でよく食べられている、もち米から作られるちぢれ麺。ホーチミンではフォーよりも食べられている定番料理。

具材は一番人気の豚の焼き肉やチャーシュー、そしてたっぷりの野菜！
たれは入っていないので、ヌクマムと刻み唐辛子をかけて和えながらいただきます。

「うまい！ 甘めの魚醤が美味しいし、野菜をいっぱい摂れるのもいいですね」(太一)
「すごいヘルシー！ さっぱりしているけど、具材がからみ合って複雑な味！」(心平)

具材の中には人気の揚げ春巻きも。
心平「生春巻きの皮を揚げているので独特の食感！」とベトナム料理を堪能。

太一「1日目にして、めちゃめちゃいい出会いがありましたね」
心平「この後、これを超えるものがあるのかどうか…。でもまだまだ行きたいところがありますからね！」と大満足で1日目を締めくくった2人でしたが…。

なんとこの後、太一が体調を崩してダウン！
2日目からは急遽「ベトナム料理を勉強して、太一に教える」という目的のもと、パートナー不在の一人旅に変更。
少し不安そうな心平による渾身のロケ、果たしてどんな結果に…!?

★ Day 1 ▶

街の中心にあるホーチミン像の前からツアースタート。

夜の街を歩いていると、名物のバイクの大群に遭遇。

本場で飲むベトナムビールは格別！「軽くていいね〜！」と太一。

飲食店街を歩いていると、ベトナム料理の香りが食欲をそそります。

太一不在の中、まず心平が向かったのは、ホーチミン最大級の市場。
様々な食材がそろう食の宝庫で、地元の食文化を学びます。

ベンタイン市場

1万㎡の敷地に約2000軒のお店が軒を連ねる市場で、食材・衣類・アクセサリー等カテゴリー別にエリア分けされているのが特徴。
今回はその中でも"ホーチミン市民の台所"生鮮食料品エリアへ!

肉エリア

魚エリア

野菜エリア

実は豚の飼育頭数が世界でも上位に入るベトナムは、食べられている肉の7割以上が豚肉という豚肉大国。日本では売られていない珍しい部位に「料理心をくすぐられる」と心平も大興奮!

川魚はもちろん、南シナ海に面しているため海の幸にも恵まれているベトナム。エビやカニをはじめとした魚介類も様々な調理方法で食べられています。

ベトナムにはヘルシーな料理が多いので、旬の野菜や果物も種類が豊富。葉野菜を生に近い状態で食べることが多く、香りの良い緑の野菜がずらり。

裏
男子ごはん
DANSHI GOHAN

TALK 傑作選 TIME
vol.3

ベトナムビールに合う屋台料理をチョイス選手権

今回はベンタイン市場で、太一が好きそうなおつまみ3品を心平が選びます!

3品の中で一番ビールに合うのは…「ダントツで1品目の牛肉香草巻き! 太一さんが一番好きだと思う!」

Bò lá lốt
ボーラーロット –
牛肉香草巻き

こしょうの葉で包まれた牛肉の串焼き。ピリッとしたこしょうの辛味や爽やかさが特徴。「葉っぱの香りが良く、中のお肉にも香辛料がきいています! これは海外ロケの裏トーク史上1位かも!」

Chạo tôm
チャオトム –
エビのすり身のさとうきび巻き

ベトナム版のちくわ。さとうきびの甘さがエビのすり身に染み込んだ一品。「ヌクマムのソースとの相性が抜群! 噛めば噛むほどエビの旨味が感じられる、ビールに合うメニューです」

Bánh Khọt
バインコット –
ベトナム風たこ焼き

ココナッツの入った生地を焼き上げた、ベトナム風のたこ焼き。中身はエビとひき肉。「予想以上にココナッツの風味が強い! カリカリ食感で好きだけど、おつまみではないかな」

新春90分スペシャル
男子ごはん in ベトナム・ホーチミン

Ho Chi Minh City
3軒目

Bánh Xèo 46A
バインセオ 46A

1948年の創業から変わらぬ味を守り続けてきた、バインセオの一番の人気店。

Bánh Xèo バインセオ

★バインセオとは？
米粉で作った黄色い生地の中に、エビ・もやし等の具材が入ったベトナム風お好み焼き。

本場でバインセオの作り方を勉強したい！という心平の希望で、調理風景をくまなく視察。

火入れのタイミングや生地の配合等、たくさんの学びがあったよう。さらに葉野菜でバインセオを包むという本場の食べ方には「今まで知っていたバインセオはバインセオじゃなかった」とうれしい驚きが。

Ho Chi Minh City
4軒目

Cơm tấm Nguyễn Văn Cừ
コムタム グエン ヴァン クー

店先で焼かれているポークチョップが店の看板メニュー。地元の人でいつも満席の人気店。

Cơm tấm sườn ポークチョップのせコムタム -
目玉焼き＆卵ミートローフ＆さいた豚の皮トッピング

★コムタムとは？
ベトナム戦争時代の食糧難において、砕けた米を美味しく食べるために生まれた料理。手に入りやすい豚肉を甘辛の味つけにして米の上にのせた、ホーチミン市民のソウルフード。

地元住民の朝食として食べられているというコムタム。気になる味つけは企業秘密だそう。

「絶妙な甘辛味で美味しい！ お肉の焼き方にもかなりこだわりがありそうです。砕けた米にも意味があったんですね」と歴史を感じる一品に。

★ Day 2 ▶

朝通りかかった公園で、地元の方とダンス！ 心平もすっかりノリノリに。

市場でおもてなし用のカニを用意しているお母さんに声をかけますが…？

歴史ある中央郵便局では、太一宛の絵葉書をしたためました。

ピンクのタンディン教会を前に、美女2人に声をかけて記念撮影!?

★ 3日目 Day 3

最終日は朝からバイクタクシーに乗って、
ベトナム名物の朝食を食べに向かいます。

Ho Chi Minh City

5軒目

Bánh Mì Huynh Hoa
バインミー フィン ホア

ホーチミンで最も支持されているバインミー店。一度にまとめ買いする人も多い人気の店。

朝食のお供はベトナムコーヒー。実はベトナムは、コーヒー豆生産量世界第2位のコーヒー大国としても知られる。

肉類をのせたバインミーに好みで別添の野菜を挟んで食べるのが本場の食べ方。
何種類ものハムの旨味をたっぷり堪能できる一品に「めちゃめちゃうまいね！ ベトナムに来たら絶対に食べるべき！」と心平も大絶賛。

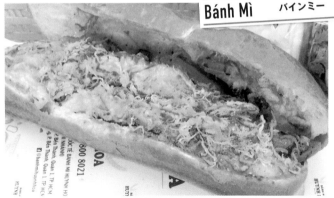

Bánh Mì バインミー

★バインミーとは？
フランスパンにハム類や香菜などの野菜を挟んだベトナムならではのサンドイッチ。地元では朝食としてよく食べられている。

Ho Chi Minh City

6軒目

**Lẩu Gà Lá É
Phú Yên Hội Ngô**
ラウ ガー ラー エー
フー イエン ホイ ゴー

鍋を囲んで楽しむ地元の人たちで常に賑わう、運河沿いにある人気店。

実は日本以上に鍋が好まれているベトナム。気温が高い中で汗をかきながら食べる鍋も絶品です。

スープの爽やかな味わいと特製だれにつけて食べる鶏肉に、「これはうまいぞ！ すごい鍋を発見しました！」と心平。この鍋は日本でも流行るかも…？

Lẩu Gà Lá É ラウガーラーエー

★ラウガーラーエーとは？
"エー"と呼ばれるバジル系の葉を使った鶏肉鍋。たけのこやきのこ等を具材としたあっさりとした味わいのスープが、葉を入れることで爽やかな味に変化する。

★ Day 3 ▶

3日目はベトナム名物でもあるバイクタクシーに乗ってスリリングな移動！

練乳がたっぷりのベトナムコーヒーは、コーヒー豆を食べながら飲むのがおすすめだそう。

サイゴン川は、水運の拠点や水の供給源としても重要なベトナムの象徴。

旅のシメは貸切の観光バス。ぜいたくなホーチミンの夜景に心平もテンションMAX！

2泊3日のベトナムの旅、本当にお疲れ様でした！

2024.01.07 OA

ベトナムのお母さんから家庭料理を学ぶ！

カーロックコートー（雷魚の煮付け）
空芯菜のにんにく炒め／ほっとけ肉じゃが

SHIMPEI'S COMMENT

カーロックコートーは魚の臭みが全くなく、
豚肉の濃厚な脂とよく合います。
空芯菜のにんにく炒めは
シャキシャキとした歯応えが美味しい！

亜菜 空芯菜のにんにく炒め

材料（4人分）

空芯菜：500 g
にんにく：6片
砂糖：大さじ1
塩：小さじ2

ヌクマム：大さじ½
黒こしょう：小さじ¼
ラード：適宜

作り方

① 空芯菜は、茎をたたいて潰す。拳1個分くらいに手でちぎる。

② にんにくを包丁で潰す。

③ 熱したフライパンにラードを入れ、②を加えて香りが出るまで炒める。①を加え強火で炒める。

④ 砂糖、塩、ヌクマムを加えて炒める。

⑤ 黒こしょうを振り、器に盛る。

亜 魚 カーロックコートー（雷魚の煮付け） 🍺ビールによく合う！

材料（4人分）

雷魚：800g
豚バラ肉：150g
エシャロット（みじん切り）：
大さじ2分
にんにく（みじん切り）：
大さじ2分
塩：小さじ2
黒こしょう：小さじ1

ヌクマム：大さじ2
砂糖：大さじ1
赤唐辛子：3本
青ねぎ（小口切り）：適宜
ココナッツウォーター：
400mℓ
ラード：適宜

★雷魚とは？
ベトナムでは一般的な、淡泊な味の川魚。煮付けに使われることが多い。

POINT 豚バラ肉を加熱して脂の旨味をしっかり引き出してから、ココナッツウォーターを加える。

作り方

① 雷魚は頭を切り落としてきれいに洗い、食べやすい大きさに切る。切り身の血合いを流水でよく洗う。エシャロット大さじ½、にんにく大さじ½、塩小さじ1、黒こしょう小さじ½で下味をつけ、10分程置く。

② 豚バラ肉は1.5cm幅に切り、エシャロット大さじ½、にんにく大さじ½、塩小さじ1、黒こしょう小さじ½で下味をつける。

③ ココナッツに穴を開けココナッツウォーターを出す。

④ 土鍋を火にかけ、ラード、砂糖を入れて黄金色になるまで加熱する。エシャロット大さじ1、にんにく大さじ1を加え、香りが出るまで炒める。ヌクマムを加える。

⑤ ②を加えて強火で炒め、ココナッツウォーターを加えて沸騰したら弱火にし、豚肉がやわらかくなるまで煮込む。①、赤唐辛子2本を鍋に入れ、強火で少し煮汁が残る程度まで煮詰める。

⑥ 仕上げに斜め切りにした赤唐辛子1本を添え、青ねぎを振る。

心平レシピ　お礼に日本の家庭料理を伝授
和 菜 ほっとけ肉じゃが

材料（2人分）

じゃがいも
（皮をむく）：3個
玉ねぎ：1玉
豚バラ肉：250g

a｜砂糖、みりん、酒：
　 各大さじ2
　 しょうゆ：大さじ3
　 水：250mℓ

作り方

① じゃがいもを4〜5cm大に切り、軽く流水で洗う。玉ねぎは半分に切ってから1cm幅に切る。豚バラ肉は食べやすい大きさに切る。

② ①を鍋に入れる。aを混ぜ合わせて加える。

③ 強火で沸騰するまで煮る。沸騰したら中火にし、20分程煮詰める。

④ じゃがいもにしっかりと味が染みたら、器に盛る。

お正月に余りがちなお餅を使った3品

餅おこわ
おろし揚げ餅／魚介の餅あんかけ

TAICHI'S COMMENT

餅おこわはもち米のおこわとは違う味わいで、
2種類の食感が楽しめます。
おろし揚げ餅は香ばしくて
おつまみにぴったり！
魚介の餅あんかけはしっかりとした味の
あんがお餅にからんで美味しいです。

photo by TAICHI

中 飯 餅おこわ

材料（3〜4人分）

切り餅：2個	b しょうゆ：大さじ1½
白米（洗う）：2合	酒、みりん：各大さじ1
a 干ししいたけ：	ごま油：大さじ½
4個（20g）	砂糖：小さじ1
水：150cc	塩：小さじ½
豚肩ロース肉	鶏がらスープの素（半練り）：
（焼き肉用）：150g	小さじ1
たけのこ（水煮）：	水：適宜
小1個（80g）	

作り方

① aを合わせて30分程つける。干ししいたけがやわらかくなったら水気をしっかり絞り（戻し汁はとっておく）、軸を落として7mm角に切る。

② 切り餅は4等分に切る。たけのこは7mm角に切る。豚肩ロース肉は1cm角に切る。

③ aの戻し汁とbを混ぜ合わせてから、水を加えて330ccにする。

④ 炊飯釜に米を入れて、餅、干ししいたけ、豚肉、たけのこ、③、鶏がらスープの素を加えて普通に炊く。炊き上がったらしゃもじで切るようにしながらよく混ぜ合わせる。

SHIMPEI'S POINT
正確な水分量で炊き上げるために、戻したしいたけはしっかり水気を絞っておく。

中 魚 魚介の餅あんかけ

材料（2人分）

切り餅：2個	a 水：100cc
冷凍シーフードミックス：	酒、しょうゆ：各大さじ1
150g	オイスターソース：
にんにく、しょうが：各1片	大さじ½
赤唐辛子（小口切り）：	片栗粉：小さじ1
小さじ½	鶏がらスープの素
サラダ油：大さじ1	（半練り）、砂糖：
塩：適宜	各小さじ½

作り方

① シーフードミックスは解凍して具と汁に分ける。切り餅は横1cm幅に切る。にんにく、しょうがは粗みじん切りにする。

② a、シーフードミックスの汁を合わせて混ぜる。

③ フライパンを熱してサラダ油をひき、餅を並べて中火でじっくり焼く。両面に少し焼き色がついてふくらみはじめたら、餅をフライパンの片側に寄せ、空いたところににんにく、しょうがを加えて中火で炒める。香りが出てきたらシーフードミックス、赤唐辛子を加えて炒める。

④ 油が回ったら再度よく混ぜた②を加え、とろみがつくまで炒め煮にする。味をみて薄ければ塩でととのえる。

和 肴 おろし揚げ餅 🍺ビールによく合う！

材料（作りやすい分量）

切り餅：1個	揚げ油：適宜
味塩こしょう、青海苔：	
各適宜	

SHIMPEI'S POINT
切り餅は目が粗いおろし金を使用するとすりおろしやすい。

作り方

① 切り餅をすりおろす。

② 揚げ油を180℃に熱し、①を入れて中強火で揚げる。かたまってきたら190℃に上げてたまに返しながらじっくり揚げる。

③ きつね色にカリッと揚がったら器に盛り、味塩こしょう、青海苔を振る。

タンシチュー
にんじんとツナのドレッシングサラダ
チリポテト

昭和の
洋食屋さん
メニュー

第18弾

TAICHI'S
COMMENT

タンシチューが歯応えもしっかりあって、
あまりの美味しさに驚き!
にんじんとツナのドレッシングサラダは、
ツナの風味がまろやかで絶品。
チリポテトは10代の頃に
食べていたのを思い出す、懐かしい味です。

photo by TAICHI

洋 肉　タンシチュー

材料（4人分）

牛タン（ブロック）：800 g	玉ねぎ：400 g
塩：小さじ½	バター：20 g
黒こしょう：適宜	

a
- 水：1ℓ
- ローリエ：2枚
- にんにく：2片
- 赤ワイン：150cc

b
- デミグラスソース缶：1缶（290 g）
- 中濃ソース、はちみつ、ケチャップ：各大さじ1
- 塩：小さじ1

生クリーム：適宜
パン：好みで

作り方

① 牛タンは2cmの厚さに切り、塩、黒こしょうを振る。

② フライパンを熱して①を入れ、強火で両面に焼き目をつける。鍋に移してaを加えて強火にかける。沸いてきたら少しずらして蓋をし、弱火で80分程煮る。

③ 玉ねぎはみじん切りにする。フライパンを熱してバターを溶かし、玉ねぎを中火でじっくり炒める。しんなりとしてあめ色になったら②に加え、再び少しずらして蓋をし、たまに混ぜながら30分程煮る。

④ bを加え、中弱火でたまに混ぜながら5〜10分煮る。

⑤ 器に盛って生クリームを回しかける。パンを添える。

洋 菜　チリポテト

材料（2人分）

じゃがいも（メークイン）：2個	
合いびき肉：100 g	
にんにく（みじん切り）：1片分	
キドニービーンズ（水煮または蒸し煮）：110 g	

a
- ケチャップ：大さじ2
- 赤ワイン、中濃ソース：各大さじ1
- チリパウダー：小さじ½

作り方

① じゃがいもは皮つきのまま鍋に入れてかぶるくらいの水を入れ、強火にかける。フツフツしてきたら弱火にして茹でる。竹串がスーッと通ったら茹で汁を捨て、再び強火にかけて表面の水分を飛ばす。

② フライパンに合いびき肉を入れて強火にかける。ほぐしながら炒め、肉の色が変わったらにんにくを加える。キドニービーンズを加えて炒め、脂が回ったらaを加えて炒め合わせる。

③ ①を縦半分に切り込みを入れて開き、間に②をかける。

POINT

*1 じゃがいもはゆっくり茹でることで甘みが増す。

*2 余計な水分が入らないように表面の水分を飛ばす。

洋 菜　にんじんとツナのドレッシングサラダ

材料（作りやすい分量）

【ドレッシング】

ツナ缶：小1缶	サラダ油：大さじ5
にんじん（皮をむき横4等分に切る）：100 g	酢：大さじ2
	しょうゆ：大さじ1½
玉ねぎ：10 g	砂糖：大さじ½
にんにく：¼片	塩：小さじ⅓
アンチョビ：1枚	
	レタス、トマト、きゅうり：各適宜

作り方

① ミキサーまたはフードプロセッサーにドレッシングの材料を入れ、なめらかになるまでかける。容器に移す。

② 器に好みのサイズにカットしたレタス、トマト、きゅうりを盛り、①をかける。

816

2024.02.04 OA

みそカレー牛乳ラーメン
イガメンチ

47都道府県
ご当地
ごはん

第23弾
青森県編

TAICHI'S COMMENT

みそカレー牛乳ラーメンは
驚きの組み合わせだったけれど美味しい！
めちゃくちゃありです！
イガメンチはとにかくジューシーで、
イカの旨味と食感を存分に楽しめます。

photo by TAICHI

和 麺 みそカレー牛乳ラーメン

材料（2人分）

中華麺（ちぢれ麺）：2玉
a ┌ 鶏がらスープの素
  │ （半練り）：大さじ⅔
  └ 水：800cc
玉ねぎ：40g
にんにく、しょうが：
各大1片
ラード：大さじ1
豆板醤：小さじ1

みそ：大さじ3
カレー粉：大さじ1½
牛乳：150cc
バター：20g
もやし（塩茹で）：適宜
メンマ、チャーシュー
（市販品）：各適宜
わかめ：適宜

★みそカレー牛乳ラーメンとは？
1970年代に誕生した、みそベースの札幌ラーメンにカレー粉と牛乳を入れた青森県民のソウルフード。

作り方

① 鍋にaを合わせて弱火にかけ、鶏がらスープの素を溶かす。

② 玉ねぎ、にんにく、しょうがはすりおろす。

③ 深めのフライパン、または鍋を熱してラードを溶かし、②を中火で炒める。香りが出てきたら豆板醤、みそ、カレー粉を加えて炒める。

④ 粉っぽさが無くなりペースト状になってきたら、牛乳、①を加えて一煮する。

⑤ 中華麺は袋の表示時間通りに茹で、お湯でザッと洗う。

⑥ 器に④を注ぎ、⑤を入れ、もやし、メンマ、わかめ、チャーシューをのせ、バターを10gずつのせる。

和 魚 イガメンチ 🍶日本酒に よく合う！

材料（2人分）

イカ：2杯（正味250g）
玉ねぎ：40g
a ┌ 片栗粉：大さじ½
  │ 酒：大さじ1
  └ 塩：小さじ½

サラダ油：大さじ1
七味唐辛子、マヨネーズ：
各適宜

★イガメンチとは？
終戦直後、イカを刺身にした時に残る足（ゲソ）をたたいてミンチにし、野菜とともに小麦粉でまとめて揚げたのがはじまりと言われる、青森県の家庭料理。

作り方

① イカは胴に指を入れて内臓を外して引き抜き、内臓は切り落とす。口は取り除く。胴は皮をむき、足とともに包丁でよくたたく。玉ねぎはみじん切りにする。

② ボウルに①を入れ、aを加えてよく混ぜ合わせる。4等分に分けて2cm厚さの丸形にまとめる。

③ フライパンを熱してサラダ油をひき、②を入れて蓋をして中強火で焼く。焼き目がついたら返して両面を焼く。

④ 器に盛って七味唐辛子とマヨネーズを添える。

SHINPEI'S POINT

イカはミキサーを使わずに包丁でたたくことで、食感が良くなる。身がねっとりとして少し固形感が残るくらいまでたたくのがオススメ。

817

2024.02.11 OA

ナッコッセポックン
海鮮チヂミ

TAICHI'S COMMENT

ナッコッセポックンは辛くて美味しい！
シメの雑炊は魚介のだしが堪能できて、
最後までしっかり楽しめますね。
海鮮チヂミはさっぱりとした味のたれで、
付け合わせに最高です。

photo by TAICHI

韓 鍋 ナッコッセポックン

シメまで美味しい！

材料（3〜4人分）

むきエビ：150g
茹でタコ：130g
牛ホルモン：250g
白菜：300g
長ねぎ：1本（200g）
ニラ：⅓束
にんにく：大1片

a │ 水：400cc
コチュジャン：大さじ5
ダシダ：小さじ2
韓国唐辛子（粉）：
小さじ1
酒、しょうゆ、みりん：
各大さじ2

【シメの雑炊】

ごはん：250g
卵：1個
ごま油：大さじ½

塩：適宜
韓国海苔：4枚

★ナッコッセポックンとは？
韓国語で「ナクチ（手長タコ）」、「コプチャン（ホルモン）」、「セウ（エビ）」
と、「ポックン（炒める）」という言葉を組み合わせた略語。一般的には鍋
料理として知られる、釜山（プサン）発祥のソウルフード。

作り方

① むきエビは洗って水気を拭き、背ワタがあれば取り除く。茹でタコはぶつ切りにする。白菜は3cm幅に切る。長ねぎは2cm厚さの輪切りにする。ニラは3cm長さに切る。にんにくは横薄切りにする。

② 鍋にaを入れてよく混ぜ合わせ、①、牛ホルモンを加えて強火にかける。10分程煮込み、具材に火が通ったら出来上がり。

③ シメの雑炊を作る。残った鍋のスープにごはんを加えてほぐしながら中火で煮る。汁気が少なくなってきたら卵を割り入れ、焼き目がつくまで混ぜながら中火にかける。ごま油、塩を加える。仕上げにちぎった韓国海苔を振りかける。

韓 粉 海鮮チヂミ

材料（2〜3人分）

イカ：1杯
桜エビ：5g
長ねぎ：35g
ニラ：⅓束

a │ 薄力粉：80g
片栗粉：40g
塩：小さじ½
ごま油：大さじ1

炭酸水：180cc
ごま油：大さじ6

【たれ】
にんにく、しょうが
（みじん切り）：各½片分
酢：大さじ1½
しょうゆ：大さじ1
ラー油：適宜

作り方

① イカは胴に指を入れて内臓を外して引き抜く。口は取り除く。洗って水気を拭き、胴は横5mm幅に切る。足は内臓を切り外し、食べやすい大きさに切り分ける。ニラは5等分に切る。長ねぎは縦細切りにし横半分に切る。

② ボウルにaを混ぜ合わせ、炭酸水を加えてよく混ぜる。

③ たれの材料を混ぜ合わせておく。

④ フライパンを熱してごま油大さじ3を入れ、ニラ、長ねぎを全面に広げる。②の生地を流し入れる。フライパンの縁からごま油大さじ1を回し入れる。桜エビ、イカを広げながら入れて、中強火でじっくり焼く。

⑤ 焼き目がついたら返し、フライパンの縁からごま油大さじ2を回し入れてさらにじっくり焼く。カリッとしたら取り出し、食べやすく切って器に盛る。③のたれを添える。

SHUMPEI'S POINT
炭酸水を使用することで、小さな気泡ができカリカリとした食感に仕上がる。

燗酒に合うおつまみ3品

きゃらぶき／ブリと菜の花のごま酢和え
牛肉とせりとごぼうの黒酢煮

TAICHI'S COMMENT

きゃらぶきは熱燗と合わせるのが大人の味！
ごま酢和えはこってりした
ごまの風味がおつまみにぴったり。
黒酢煮は牛肉の脂の旨味を
感じられるように仕上げました！

photo by TAICHI

和肴 **きゃらぶき** 🍶熱燗によく合う！

材料(作りやすい分量)

ふき・大3本(280g)

a
┌ かつおだし：400cc
│ しょうゆ：大さじ4
│ 酒：大さじ3
└ みりん、砂糖：各大さじ2

木の芽・適宜

SHIMPEI'S POINT

煮汁が50ccくらい残るまで煮詰め、そのまま冷ますことでより味が染み込む。

作り方

① ふきは根元を落として長さを半分に切る。鍋に湯を沸かし、ふきを8分程茹でる。水に取って、アクが強そうであれば一晩程水にさらす。皮をむいて水気をきり、5cm長さに切る。

② 鍋にaを合わせて強火にかけ、沸いてきたら①を加える。クッキングシート等で落とし蓋をし、フツフツしてきたら中弱火で40分程茹でる。煮汁が50cc程残るまで煮詰めて火を止めて冷ます。

③ 器に盛って木の芽を飾る。

和肴 ブリと菜の花のごま酢和え 🍶熱燗によく合う!

材料（2人分）

ブリ（刺身用）：120g
菜の花：½束（60g）
a 白炒りごま：大さじ3
　 すし酢、麺つゆ
　 （3倍濃縮）：各大さじ1
　 砂糖：小さじ½
塩：少々
刻み海苔：適宜

作り方

① 白炒りごまをすり鉢でする。ボウルにaを入れて混ぜ合わせる。

② 菜の花は根元を切り落とし、塩を加えた熱湯でさっと茹でる。流水に取って冷まし、水気を絞って食べやすい大きさに切る。ブリは5mm厚さのそぎ切りにする。

③ ①に②を加えて和える。器に盛って刻み海苔をのせる。

POINT
ごまをしっかりとすることで油分が出て、香りが濃厚になりこってり感が増す。

和肴 牛肉とせりとごぼうの黒酢煮 太一レシピ 🍶熱燗によく合う!

材料（作りやすい分量）

牛薄切り肉：150g
ごぼう：½本（70g）
せり：1束（120g）
しょうが：1片
実山椒（塩漬け）：
小さじ1～2
a 水：150cc
　 しょうゆ：大さじ2½
　 酒、みりん、砂糖：
　 各大さじ1½
　 黒酢：小さじ1
オリーブ油：大さじ1

作り方

① 実山椒は水に30分～1時間つけて塩抜きをする（生の実山椒の場合は塩抜きの必要なし）。

② ごぼうはささがきにし、水に10分程さらす。せりは根元を切り落として5cm長さに切る。しょうがは千切りにする。牛薄切り肉は一口大に切る。

③ フライパンを熱してオリーブ油をひき、水気をきったごぼうを加えて中火で2～3分炒める。透き通ってしんなりしたら混ぜ合わせたa、しょうがを加える。蓋をして中弱火で4分程煮る。

④ ごぼうに火が通ったら牛肉を加える。牛肉の色が変わったらせりを加えて一煮する。火を止めて①を加え、混ぜ合わせる。

POINT
牛肉をサッと煮てせりを入れることで、牛肉に火が入りすぎず、せりの食感が残る。

男子ごはん的
からだに
やさしい
ごはん

それぞれの食材と
丁寧に向き合って
仕上げていく

今回の書籍スペシャル企画のテーマは、「男子ごはん的 からだにやさしいごはん」。番組のレギュラー放送では、どちらかといえばスタミナ満点のがっつりメニューや肉を主役にした献立が多めに紹介されていますが、書籍ならではの新たな試みということで、あえて野菜や魚をメインに据えた健康的なレシピをお披露目することに！
野菜だけでも食べ応えがあって満足感を得られるレシピには、心平流の美味しく仕上げるポイントが満載！ 食材本来の滋味を堪能しながら語り合う、しっとりと豊かな時間をお楽しみください。

ヘルシーなもの
なにか
食べたいね。

からだにやさしい
献立に
欠かせないもの

"心平=肉料理" というのは、やはり『男子ご
はん』のイメージ?「番組では、意外性と豪快
さとシズル感を重視するので、どうしても肉料
理が中心になりますよね」と心平。

ブロッコリー、大豆、ひじき、にんじん、春菊、長芋…キッ
チンの作業台に整然と並べられたのは、それぞれが輝きを
放つ、色とりどりの野菜たち。大地からの恵みを見定めなが
ら、早速、食材の下ごしらえから取り組む心平は、リズミカ
ルに包丁を操っていきます。その音に誘われるようにキッチ
ンに現れた太一は「今日の "からだにやさしいごはん" ってい
うテーマ、心平ちゃんに似合わないなあ(笑)」とポツリ。「え、
どうしてですか?」「健康的っていうのが、まずね…」「そん
なことないですよ! 家ではだいたいこんな感じの、野菜中
心が定番です」「だって心平ちゃん、ハムが大好物でしょう?」
「ハムが嫌いな人はいないですよ! 分厚いのも、薄くスライ
スしたのも、それぞれの味わいがあっていいですよね」「俺
は若い頃、ハムは生きるために食べてたなあ(笑)。塩分補給
のために、マヨネーズとタバスコをかけてね」と、番組さなが
らの軽妙なトークを繰り広げます。

　本日の食卓のために心平が用意したのは、全部で7品。肉
類は一切入らず、そのうち魚が使われているのが2品という
ラインアップです。調理方法はごくシンプルだけど、口に入れ
た瞬間に一番美味しいと感じる大きさに切り揃えたり、野菜
の茹で時間を綿密に計算したり…随所に食材本来の美味し

「長芋をちょうどいい細さにおろせて、水分が逃げずにシャキシャキになるんですよ」と、道具選びにもこだわりが。

食感が生きるように、茎から先に茹でた春菊。だしがきいた調味液にからめて、しっとりと味をなじませていきます。

鯛は、食べやすい大きさのそぎ切りに。献立全体のバランスをみて、魚は淡泊で上品な味わいのものをセレクト。

「今日のおかずはおつまみとしても楽しめるので、ぜひ気軽に作っていただけたらうれしいですね。ごはんに合うものは、基本お酒にも合いますよ」と心平。

さを生かすための、心平流のきめ細かな技が隠されています。

魚料理の一品「塩サバと長ねぎの焼きびたし」は、「しっかり時間を置いた方が、味が染み込んで美味しいから」と、心平があらかじめ自宅で仕込んできたもの。「そういうところが心平ちゃんらしい気づかいだよね。最高の状態で食べてほしいっていう、おもてなしの心がすごいよ」と、太一も感服。もう一品の鯛を使ったごはんものは、「鯛の食べ方で、もしかしたら一番好きかもしれないです」という心平の自信作。熱したフライパンにごま油をひき、鯛を皮目から入れると、キッチンは瞬く間に豊潤な香りに包まれていきます。「いいにおい！ 早くも食べるのが楽しみです！」と、笑顔の太一。焼き上がった鯛は、絶妙なとろみのあんをまとわせることで、さらに上品な姿に変身していきます。

品数は多いけれどシンプルな調理工程ということもあり、作り出したらあっという間に7品が完成。それらを一品ずつ、やわらかい色合いの小皿に盛るとさらに彩りが足され、テーブルに一皿、また一皿…と重ねることで、美味しさの輪が無限に広がっていくよう。「今日は、この場での"乾杯"はあえて無しにしない？ 料理をじっくりと味わおうよ」との太一の提案で、ノンアルコールの食事がスタートです！

鯛の皮を香ばしく焼き上げたら、かつおだしベースのあんを加えて煮込みます。やさしいとろみが食欲をそそる！

心平が自宅から仕込んできた焼きサバ。身に旨味が染み込んで、こっくりとした艶やかな色に仕上がっています。

塩サバと長ねぎの焼きびたし

切り干し納豆

鯛と長芋のとろとろごはん

豆腐のごま汁

春菊の辛子和え

120

五目煮

ブロッコリーのごま和え

丁寧に作られたおかずが美しく並べられ、まるで京都のおばんざい屋さんに招かれたような、ほっこりと心温まるテーブルが完成!「目から入ってくる情報で気持ちが違う。この食卓を目の前にすると、不思議と『お酒飲みたい!』とは思わなくなりますね。全体的にやわらかい色合いで、見た目からも"からだにやさしい"のが伝わってきますよ」と、太一。心平からの「(お肉が無くても)十分ですよね?」という問いかけにも「十分です!」と満面の笑みで答えます。「普通の白いごはんじゃなくて、一工夫した具をのせたごはんっていうのもうれしいですね。少しずつ、色とりどりの野菜を楽しめるのがぜいたく!」

Special Recipe

男子ごはん的
からだに
やさしい
ごはん

あんをまとった鯛と
長芋の食感が
最高の相性

和 飯 鯛と長芋のとろとろごはん

材料(2人分)

鯛(切り身):170g
塩:1つまみ
片栗粉:適宜
長芋:適宜

a かつおだし:150cc
　 酒、みりん:各小さじ1
　 塩:小さじ½
　 片栗粉:小さじ⅔
ごま油:大さじ½
温かいごはん:2人分
長ねぎ(小口切り):適宜

作り方

① 鯛は骨があれば取り除き、3cm大に切る。塩を振って、片栗粉をまぶす。長芋は千切り用のスライサーで、細くすりおろす。

② aは混ぜ合わせる。

③ フライパンにごま油を熱し、鯛の皮目を下にして並べ入れて中火で焼く。焼き色がついたら返し、両面を焼く。

④ 鯛に火が入ったら②を加え、煮立たせる。とろみがついてきたら、火を止める。

⑤ 器に温かいごはんを盛り、長芋をかける。④をかけて長ねぎをのせる。

サバの濃厚な旨味に
ゆずの酸味で
爽やかさをプラス

和 魚 **塩サバと長ねぎの焼きびたし**

材料(2〜3人分)

塩サバ：120g	a | かつおだし：150cc
長ねぎ：100g	| しょうゆ：大さじ3
ごま油：大さじ½	| みりん、砂糖：各大さじ½
	| 赤唐辛子(小口切り)：
	| 小さじ⅓
	| ゆず果汁：大さじ1

作り方

① 塩サバは食べやすく3〜4cm幅のぶつ切りにする。長
ねぎは5cm長さに切る。

② aは混ぜ合わせる。

③ フライパンにごま油を熱し、長ねぎを中火で焼く。ときど
き転がしながら、全面に焼き目をつけるようにして焼く。

④ 長ねぎに焼き色がつきはじめたら、サバの皮目を下にし
て入れ、一緒に焼く。長ねぎの全面にこんがりと焼き
色がついたら取り出す(中まで火が通っていなくてもよ
い)。②に入れて漬ける。

⑤ サバの皮目に焼き色がついたら返し、両面を焼く。火
が通ったら取り出し、②に加える。落としラップをして、
3時間以上漬ける。

和 菜 **五目煮**

材料(作りやすい分量)

大豆(水煮缶)：50g	a | かつおだし：200cc
にんじん：120g	| しょうゆ：大さじ3
油揚げ：1枚	| みりん：大さじ1½
長ひじき：10g	| 酒：大さじ1
こんにゃく：150g	| 砂糖：小さじ2
砂糖：小さじ1	

作り方

① 長ひじきはたっぷりの水につけて、やわらかく戻す。

② こんにゃくはスプーンで小さくちぎって、ボウルに入れ
る。砂糖をまぶして、手で1分くらいもみ、しばらく置く。

③ にんじんは皮をむいて、5mm厚さのいちょう切りにす
る。油揚げは縦半分に切り、重ねて2cm幅に切る。

④ 長ひじきの水気をきる。

⑤ 鍋にaを入れて中火にかける。

⑥ 沸騰したら、水をきった大豆、水気を拭いたこんにゃく、
長ひじき、にんじん、油揚げを加える。食材が均一に
なるように、菜箸で混ぜる。

⑦ もう一度沸騰したら、落とし蓋をして中弱火で10分煮る。

⑧ 落とし蓋を取って、混ぜる。水分が少し残るくらいまで、
中火で1分程煮る。器に盛り付ける。

しっかり煮含めれば
常備菜として
数日楽しめます

切り干し大根の
シャキシャキ食感が
アクセントに

ほろ苦さが魅力の
春菊の美味しさを
シンプルに味わう

和 菜 切り干し納豆

材料（2人分）

切り干し大根：15g	a	かつおだし、しょうゆ：
小粒納豆：1パック		各大さじ1
青ねぎ（小口切り）：1本分		みりん：小さじ1
		砂糖：小さじ½
	かつお節（ソフトパック）：適宜	

作り方

① 切り干し大根は水で戻す。戻ったら、しっかりと水気を
絞って1cm幅に切る。

② ボウルに①、納豆、青ねぎ、aを入れ、よく混ぜ合わ
せる。

③ 器に盛り、かつお節をかける。

和 菜 春菊の辛子和え

材料（2人分）

春菊：80g	a	かつおだし：大さじ1
		しょうゆ：大さじ½
		酢：小さじ1
		みりん、和辛子：
		各小さじ½

作り方

① 鍋に湯を沸かし、春菊を茹でる。茎のみを湯に入れて
10秒茹で、葉まで全て沈めてさらに20秒茹でる。冷水
に取ってしっかりと冷やし、水気を絞る。

② 春菊を5cm長さに切る。茎の太い部分は縦に半分に
切る。

③ ボウルにaを混ぜ合わせ、②を漬ける。15分程漬けて、
味が染みたら器に盛る。

茹で時間がポイント！
歯応えが残るよう
シャキッと仕上げて

大きめにちぎった
豆腐に、ごまの
風味がからむ逸品

和 菜 **ブロッコリーのごま和え**

材料（2人分）

ブロッコリー：100 g	a しょうゆ、砂糖： 各大さじ½ みりん、かつおだし： 各小さじ1
白すりごま：大さじ2	

作り方

① ブロッコリーは小房に分け、沸騰した湯で30秒茹でる。冷水に取ってしっかりと冷やし、水気を拭く。

② すり鉢に白すりごまを入れ、しっかりとする。ねっとりと油が出てくるくらいまでする。

③ ②にブロッコリー、aを入れ、和える。器に盛り、白すりごま適宜（分量外）をかける。

和 汁 **豆腐のごま汁**

材料（2～3人分）

かつおだし：400cc	白すりごま：大さじ2
みそ：大さじ1½	豆腐（絹）：½丁

作り方

① すり鉢に白すりごまを入れ、しっかりとする。ねっとりと油が出てくるくらいまでする。

② 小鍋にかつおだしを入れ、中火にかける。沸いてきたらみそを溶かし入れる。

③ みそが溶けたら、豆腐を手で大きくちぎって加える。①を加えて混ぜ、豆腐が温まったら火を止める。

やさしい料理に
身も心も
癒やされて

今あらためて実感する
旬の食材の美味しさと
和食の奥深さ

太：心平ちゃん、今日はありがとう！　心平ちゃんがこんなに健康的な料理を作れることに、少し驚いてるんですけど（笑）。

心：作れますよ（笑）！

太：それじゃあ早速、いただきますね。まずは、この鯛がのったごはんから…（食べて）うまい！　ごま油がきいてますよ。ごま油と山芋の組み合わせが、格別な美味しさです。具単体でいただいたら、お酒のアテにもなりますね。

心：ありがとうございます！

太：で、一回ひじきを挟みますね。（頬張りながら）ほっとする味ですね！

心：ちょっとした箸休めにオススメです。

太：ブロッコリーいただきます！　これは茹で方が大事ですね。歯応えが残っていて、食感が最高です！

心：ごまもポイントで、直前にすってから加えています。ごまといえば「豆腐のごま汁」にもごまをたっぷり入れていて、濃厚な味わいを意識しました。

太：ごまの香ばしさがごはんと相性抜群！

心：「切り干し納豆」もごはんのお供にオススメです。

太：切り干し大根って、発酵食品と相性がいいのかな。キムチと合わせたりもしますよね？

心：します、します！

太：納豆ってあまり歯応えがないけど、食感がある材料を加えると変化が出て、楽しみ方の幅が広がりますね。もう一品の魚料理、サバもいただきます。

心：サバは焼きびたしにしました。塩サバを使うとしっとりと仕上がります。

太：春菊は目に鮮やかですね。食卓にたくさんの小鉢が並んでいるのも、うれしいな。書籍の撮影は、これまで〝お酒を飲みながら料理を楽しもう〟ってい

う企画が多かったけど、今日は全く飲みたいという気分になりませんね（笑）。食べ終わったらヨガしよう！

心：あはははは（笑）！

太：やっぱり体の中から健康にしていかなきゃだから。心平ちゃん的に、今回の献立はどんなことを意識しました？

心：野菜をメインにした食事って、どうしても味がぼやけてしまって満足感を得られないから、味のメリハリは意識しました。

太：今日みたいな食卓を囲むと、味覚や好きなものって年齢に応じて変化していくものなんだなってあらためて実感しますね。僕だって20代〜30代の頃と今を比べると変わってきているし。今年、50代を迎えるので、微妙な変化というか成長を感じますね。

心：そうですね。年齢を重ねてからわかる美味しさってありますよね。

太：僕は、ますます旬を意識するようになりました。例えば、冬場に積極的にきゅうりを買うことは無いかな。ハウス栽培のおかげで通年手に入るようになった野菜はたくさんあるけれど、あえてそれを選ぶことはしてなくて。やっぱり、季節のものが一番美味しいし、体が自然に欲し

ているような気がする。

心：僕も太一さんと同じで、旬を大切にしたいですね。子どもが大きくなってきたので、それも一因かもしれないけど、子どもに食べてほしいもの、伝えたい食文化もあります。

太：旬を大切にしたいから、年々、和食への興味が高まっているのかな？ もちろん焼き肉も大好きだけど、焼き肉ってそこまで旬を感じられないじゃない？ でも、和食は食材だったり、調理方法だったり、全てが日本の四季に合わせて理にかなって築かれてきた文化だから、魅かれるんだと思います。焼き肉は「お肉食べたい！」っていう欲求よりも、みんなで鉄板を囲んで楽しい時間を過ごす…っていう、僕にとってはその場を楽しむイベント的な位置付けなのかも。

心：個人的には、以前より消化器官が弱ってきた気がします。魚の脂だけを多量に摂取したら、胃もたれすることもあるし。なんでもほどほどに、全てのジャンルを均等に食べることを意識するようになりました。そうすると、自ずと野菜の割合が増えていきますよね？

太：でも逆に、50歳超えても「まだお肉ガンガン行けます！」っていう人もいるよね。

心：いるいる！

太：そういう人は尊敬します！

心：きっと脂の処理能力というか、消化器系が強いんだと思います。だってもう、特上カルビとか頼まないでしょう？

太：頼まない…頼めない。完食できるか怖い（笑）。

心：頑張って上ハラミじゃないですか？

太：あはははは（笑）！

**定番の良さを見直しつつ
新たな挑戦も忘れない
番組作りに欠かせないこと**

太：番組のこの1年を振り返ると、視聴者の皆さんを驚かせてしまったのは新春スペシャルのベトナムロケでしょうか？ 僕が途中でダウンしてしまって…。

心：いやー、大変でしたけど、普段2人でやっていることを1人で実践することで、貴重な学びの場になりました。もし立場が逆で、僕が倒れて太一さんが1人で番組を進行することになったら、また違った内容になっていたでしょうし。僕が1人でロケするって決まった時、スタッフの皆さんが本当に心配してくれて、全面協力の下なんとか進行できました。技術さんまで応援してくれて

いるのが、カメラ越しに伝わってきましたし（笑）。もう、やるしかないですよね。

太：僕はその時、ホテルに缶詰め状態でしたので…実はオープニング収録の時、既に限界を迎えていました。

心：太一さんの手がすっごく熱かったんですよ！

太：マジでカメラの前に立ってる場合じゃないくらい、しんどくて。だから、ロケで食べた食事が本当に沁みたんですよね。「フォーって本当に体にいいんだろうな…」って。わずかな時間でしたが、ベトナムの良さを感じられました。気候を含めて、あの土地だから生まれたレシピや食材があるんだろうな、と思えたし。

心：そうですね。

太：海外ロケに行けたのも4年ぶりですしね！様々な食文化を学べる機会は、本当にありがたいです。

心：結果、楽しかったですよ。僕は、ベトナムは3回目だったかな？現地のお母さんとの触れ合いとか、貴重な時間を過ごさせていただきました。本場のベトナムの家庭料理は手順が違いましたね。特に、ヌクマムの使い方が勉強になりました。

太：ヌクマムって、ナンプラーとどう違うの？

心：大枠のカテゴリーだと魚醤なので

同じ発酵調味料なんですけど、製法が違うらしいです。もしかしたら、ナンプラーよりヌクマムの方が日本人の舌に合うんじゃないかな？旨味の出方も違うし、僕はこれからヌクマム派になろうかなと思っています。

太：いいですね！レギュラーの放送だと、僕は洋食屋さんシリーズが好きです。これだけ長く番組が続くと、ベタというか基本のメニューをあえて紹介することも少なくなってくるじゃないですか？でも、定番料理の作り方を見直すことって大事だなと思いますし、これからも続けていきたいですね。あとは、視聴者の皆さんのリクエストにお応えする企画もいいですよね。

心：実際に番組をご覧になっている方々の声は、励みになります！

太：テレビって「たくさんの方に面白く

見てほしい」と思って作るものだから、ターゲットを絞ってレシピを紹介するのって本当に難しいですよね。"基本のキ"を知りたいという初心者の方から、プロっぽい本格派のレシピを求めている人もいるし。一方で、僕たちが料理をしている姿を単純に楽しみたいとか、よりエンタメ的な要素を求めている方もいるかもしれないし。

心：番組作りを重ねていく中で、スタッフの皆さんが求めているテレビ的な演出も理解できるし、僕が料理を通して伝えたいこともご理解いただいているので、お互いに意見交換ができてとてもやりやすいです。

太：いいチームワークですよね。

心：『男子ごはん』で時短レシピってやってないじゃないですか？"時短レシピ"って謳うと、その部分を強調しなくちゃいけないから、どうしても工程を端折らざるを得ないんですよ。でも、手間を惜しむと如実に味に差が出てしまうから、やりたくないんです。端折っても味が変わらない場合は、効率優先でもいいと思うんですけどね。

太：やっぱり料理って奥が深いですね。これからも僕ららしく、楽しく料理を伝えていきましょう！

心：はい、よろしくお願いします！

Cooperate/NAVYS NOMAD maruni

DANSHI GOHAN

素材・ジャンル別INDEX

主食・メインのおかず

国分太一 こくぶんたいち

1974年生まれ。1994年、TOKIOとして『LOVE YOU ONLY』でCDデビュー。ミュージシャン、タレント、番組MC等、様々な顔を持つ。2021年、株式会社TOKIOを設立。2022年、福島県西白河郡西郷村に『TOKIO-BA』を整備する等、精力的に活動中。本書では、料理写真の撮影を担当。

栗原心平 くりはらしんぺい

1978年生まれ。料理家 栗原はるみの長男。(株)ゆとりの空間の代表取締役として会社の経営に携わる一方、料理家としても活躍。全国各地で出会った美味しい料理やお酒をヒントに、ごはんのおかずやおつまみにもなるレシピを提案している。現在子ども向けオンライン料理教室『ごちそうさまクッキングスクール』を主宰。

『男子ごはん』番組スタッフ

制作／プロデューサー	穂苅雄太
	山地孝英
演出	掛水伸一・柿田 隼
ディレクター	古郡武昭・五島大徳・浅野耀介・西脇未樹・田口大夢
AP	橋本佳奈
AD	岡本ひな子・原 亮太・宮川愛海・黒川蒼汰
デスク	後藤由枝・小椋美沙
構成／	山内浩嗣・本松エリ・中野恵介・辻井宏仁・岩田竜二郎

©2024 TV TOKYO

男子ごはんの本　その16

国分太一
栗原心平

2024年4月20日　初版発行

発行人	天野由美子
発行所	株式会社エム・シィオー
	〒107-0052　東京都港区赤坂9-6-35
	TEL　03-3470-0333
発売元	株式会社KADOKAWA
	〒102-8177　東京都千代田区富士見2-13-3
	TEL　0570-002-008(KADOKAWA購入窓口)
	※購入に関するお問い合わせ、製造不良品につきましては、上記ナビダイヤルで承ります。
印刷・製本所	大日本印刷株式会社

書籍スタッフ

アートディレクション＆デザイン	佐藤重雄(佐藤重雄デザイン事務所)
フードコーディネート	下条美緒／高橋まりあ(ゆとりの空間)
撮影	国分太一(料理)
	栗原 論(カバー、P2〜3、P.116〜129)
広報スチール	鄭有昫
スタイリング(costume)	丸(Yolken)
スタイリング(interior)	作原文子(カバー、P2〜3、P.116〜129)
ヘアメイク	原熊由佳(カバー、P.116〜129)
DTPワーク	木原幸夫(Seek.)
プリンティングディレクター	加藤剛直(DNP)
制作進行	木村俊彦、河邊純一(KADOKAWA)
編集	西埜裕子、石澤はるか、吉田多映子(MCO)、青山彩香
編集協力	テレビ東京
	ストームレーベルズ
協力	ジーヤマ

©2024 STARTO ENTERTAINMENT
©2024 YUTORI NO KUKAN CORPORATION
©2024 MCO

Printed in Japan
ISBN978-4-04-895512-6 C0077

この書籍の本文の印刷及び製本にかかる際の電力量（1,600kWh）は、自然エネルギーでまかなわれています。